解码青春期：

我的十几岁男孩在想什么

杨颖 编著

四川教育出版社
·成都·

图书在版编目（CIP）数据

解码青春期：我的十几岁男孩在想什么 / 杨颖编著
. — 成都：四川教育出版社，2022.12（2023.5 重印）
ISBN 978-7-5408-8407-9

Ⅰ. ①解⋯　Ⅱ. ①杨⋯　Ⅲ. ①男性—青春期—家庭
教育　Ⅳ. ① G782

中国版本图书馆 CIP 数据核字（2022）第 247717 号

JIEMA QINGCHUNQI：WO DE SHIJISUI NANHAI ZAI XIANG SHENME

解码青春期：我的十几岁男孩在想什么

杨颖　编著

出 品 人　雷　华
责任编辑　周代林
责任校对　刘　畅
责任印制　田东洋
封面设计　松　雪
出版发行　四川教育出版社
　　　　　地　　址　成都市锦江区三色路 266 号新华之星 A 座
　　　　　邮政编码　610023
　　　　　网　　址　www.chuanjiaoshe.com
印　　刷　唐山玺鸣印务有限公司
版　　次　2023 年 1 月第 1 版
印　　次　2023 年 5 月第 2 次印刷
开　　本　880mm×1230mm　1/32
印　　张　6
书　　号　ISBN 978-7-5408-8407-9
定　　价　36.00 元

如发现印装质量问题，影响阅读，请与本社联系。

总编室电话：（028）86365120　编辑部电话：（028）86365129

不知从什么时候开始，你的个子高了，身材魁梧了，手腕变得更有力了，嗓音变得低沉有磁性，脸上有了不断滋生的青春痘和刚露头的小胡子，自己心里对异性的感觉有了细微的变化……生理和心理上的这些变化都意味着你已经进入青春期。

　　每个男孩都要经历这样一个特殊的时期——青春期。青春期是由孩童到成人的过渡期。在这个时期，你的身体开始成熟，对关于"性"的话题充满好奇；心理会发生变化，你开始产生强烈的自主意识；同时你将面临更多的压力，面对成长中出现的各种问题。你会遇到很多高兴的事，也会遇到很多烦恼的事，甚至是难以抉择的事，比如你遭遇了挫折，你的朋友拉你去吸烟喝酒，你一时冲动和同学起了冲突，和父母产生了矛盾……这时候的你应该如何处理呢？

　　随着知识的不断积累、生活经验的不断丰富和心理素质的不断提升，你的需要、动机、能力、兴趣、气质等也在不断发生变化。你学会了关注、分析、反思，开始带着质疑的眼光评价人和事，开始有了"初生牛犊不怕虎"的气势，开始有了"欲与天公试比高"的志向……同时，你更希望别人把你当成大人，更渴望得到他人的尊重和理解，希望父母给你更多的自由空间。

青春期充满着喜悦，因为你将踏入新的阶段；而青春期又是敏感的，你的心智逐渐成熟，希望得到异性的关注，也在意别人的评价；青春期是充满未知的，你会面临许多未知的挑战和新奇的诱惑；青春期也是浪漫的，你的内心开始产生朦胧的爱意。

这本书内容丰富，从生理变化到成长烦恼，从自我防卫到心理调节，从情绪调控到情感把控，从有效沟通到人际交往……几乎无所不包。它是一本青春期男孩的成长指南，是男孩最知心的"良师益友"；它是一本青春期男孩的枕边读物，是青春期男孩最好的伙伴。如果你仔细阅读了这本书，相信你会从中找到应对青春期困惑的方法。而父母阅读它，可以知道怎样帮助青春期男孩应对一些生理及心理的问题，如何和男孩沟通更有效。

希望所有的男孩都能度过一个健康、美好的青春期！

第一章　男孩常见的心理变化

02

第二章　男孩要知道的身体变化

第三章　男孩要学会调控情绪

第四章　男孩要懂得有效沟通

05

第五章　男孩要正确对待感情

第六章　男孩要提高交往能力

第七章 男孩要保护好自己

01

第一章
男孩常见的心理变化

易忧虑发愁

一次针对全国4~16岁少年儿童的心理健康调查显示，我国儿童的心理和行为问题的发生率超过10%。有关部门还对中学生做了一次抽样调查，结果发现，中学生中有约40%的孩子有不同程度的心理障碍。他们的症状主要表现为：过度苦闷，感到前途渺茫，不适应新环境或新事物等。心理疾病越来越多地出现在青少年身上。其中，男孩的心理问题尤为突出。

一位心理老师说："在心理辅导的过程中，我们发现，女孩更容易通过倾诉来缓解心理压力，寻找解决问题的途径。但是，男性的自尊让男孩不太愿意向别人诉说，他们更多的是通过打游戏、打架等他们认为很'男人'的方式来解决。"当男孩还不成熟时，对男子汉的理解可能会很片面，"男儿有泪不轻弹""男儿流血不流泪"等说法，更会让男孩的心理问题处于隐匿状态。

通过和儿子交谈，张先生吃惊地发现，十几岁的儿子有很多"愁"。张先生说："本来，我以为他这个年龄是无忧无虑的，

整天都开心的，但没想到他会有那么多的'愁'。"显然，张先生忘记了他自己在这个年龄的时候，其实也有很多"愁"。

那么，青春期男孩的"愁"从何而来呢？

首先，青春期男孩处于这样的阶段：脱离对父母等亲人的心理依赖；走向独立的自己。前者意味着丧失，是辞旧；后者意味着获得，是迎新。在这个过程中，如果后者占据了主要地位，那么尽管不断地有莫名的忧伤袭来，男孩仍然会感觉到自己的生命整体上是积极的、阳光的。相反，如果前者占据了主要地位，抑郁、悲观情绪就会成为青春期的主导情绪，他的心理发育就会受到影响。

其次，在竞争激烈的社会环境下，很多父母把成绩作为评价孩子的唯一标准，只重视孩子的考试、升学，却不注重对孩子人际交往能力、个性以及行为规范的培养等。父母的高成绩要求像一块石头压迫着男孩，由于长期的压力得不到释放，男孩就会进入心理亚健康状态，出现忧虑、自卑自责、丧失学习兴趣、思维联想困难、食欲减退等反应。

父母对男孩心理健康状况重视不够，也是造成男孩心事重重的重要原因。当今很多父母还是过于看重给孩子提供充足的物质条件，而忽视了男孩成长更需要的良好的家庭氛围。另外，一些父母因为缺少心理健康知识，往往把男孩由于心理障碍所产生的问题误认为是智力问题或行为问题，而在教育中不能有的放矢。再加上缺少对男孩进行积极的心理调适的手段和方法，因此这些父母面对男孩心理方面的问题时常常束手无策。

给男孩
的话

如今的社会生活节奏越来越快，社会竞争也越来越激烈，你会在成长中面临种种挑战，承受的心理压力也比较大。然而心理健康很重要，一定要在学习和生活中关注自己的心理健康，遇到相关心理问题要多与老师和父母沟通，不要让自己长期处于压抑的状态。

常常陷入迷茫

刚升入高三的石林选择了辍学。他找了家早点店打工，但没干满一个星期就嫌累干不下去了。他不明白找工作这件事情，想象中那么简单，可为什么现实中会那么艰难。他打工那么辛苦，工资却不及父母给的零用钱。

石林陷入了迷茫，他的父母更是手足无措。情急之下，石林父母想到了石林在南京工作的舅舅，他是20世纪80年代毕业的大学生，或许会有办法。

石林的舅舅把石林接到了南京的家里，对石林说，平时舅舅、舅母要上班，回来会比较晚，所以他要自己照顾自己，自己洗衣服，自己做饭。没事的时候，可以到附近的公园转转。石林到南京的次日就是周六，舅舅带石林去逛了逛他的母校。校园里绿树成荫，满是意气风发的大学生。在食堂里，石林面对饭菜，眼泪却在眼眶里打起了转，他哽咽得吃不下去。在石林眼里，大学是那么神圣，图书馆是那么气派，大学生们是那么意气风发。

他心想，自己和这些大学生年龄差不多大，可实际差距却非常大。他受到了严重的刺激，有点想回去读书了，他突然对大学生活产生了向往。石林非常后悔自己当时的冲动行为，就对舅舅说他还想回去读书。

这正是舅舅期待的结果。舅舅马上给石林父母打了电话，告诉他们问题基本解决了。

石林的舅舅用男孩能够接受的方式，带石林走出迷茫。石林也比较幸运，虽然经历了那么大的波折，但是经过努力，一年后他还是顺利地考上了大学。

给男孩
的话

　　青春期的男孩阅历有限，经常会陷入迷茫。当遇到自己解决不了的问题时，当遇到挫折和打击时，当遇到困惑时，你的情绪常常会剧烈波动，这是正常的现象。

　　当你意识到自己情绪的波动时，要尝试自己平复下来或向父母、朋友寻求帮助，及时调整自己的情绪。

不想见人，不想说话

一个男孩在日记中写道：

> 我现在不知道怎么了，不想和别人说话，也不想见别人。爸爸说，小时候我是一个很爱说话、提问题的开朗男孩。但是现在的我不那么活泼了，难道我患了自闭症？

男孩进入青春期以后，不仅仅身体会逐渐呈现出成熟的特征，内心也会发生变化。他们一方面渴望被人理解、关注；另一方面，独立感增强，不愿意把自己的内心想法轻易表露出来，这时就容易出现青春期常见的闭锁心理。

闭锁心理是青春期男孩较常出现的一种心理现象。主要表现为：拒绝与他人沟通；常会有离群独处的想法；突然改变对父母、老师的顺从态度，开始对他们的言行感到厌烦，对他们的管教十分抵触等。

　　这种状态如果一直持续下去，男孩就会慢慢地把很多心事、很多话都放在心里，把自己的内心封闭起来，不想主动与人交流，特别是不愿意跟父母沟通，会觉得自己很累、很迷茫。

　　男孩要如何调节自己，克服这种青春期的闭锁心理呢？

1 提高自身素质 >>

　　要努力提高自己的素质，使自己具备开阔的胸怀，不悲观，不自傲，努力培养自己的人格魅力。

② 提升交际能力 >>

积极主动地建立自己的人际关系，找到自己的知心朋友，提升交际能力。

③ 热心帮助别人 >>

要热心帮助别人，与人交往要坦诚、宽容。

给男孩
的话

处于青春期的男孩，身心发展迅速，非常容易出现各种各样的问题。当你意识到自己出现了一些心理问题时，不要封闭自己，要正视自己的问题，尝试打开心门与父母、朋友进行沟通，将自己的烦恼倾诉出来，你会发现这种感觉也挺不错的。

易受烦躁情绪的困扰

在一次"说说我的心里话"活动中，一个叫希文的男孩写下了这样的内容：

> 今天一整天，我都很倒霉，心里很烦躁。这种烦躁的感觉让我无法听课，无法看书，也没心情做事。
>
> 今天早上，我还在睡梦中，妈妈就一次次地大喊："儿子，该起床了，再不起床上学就要迟到了。"妈妈的叫喊搅扰了我的美梦。
>
> 不仅如此，吃饭的时候，妈妈还对我磨磨蹭蹭起床的行为很不满，一直唠唠叨叨。唉，我烦死了我妈的唠叨，多睡五分钟又怎么了？
>
> 去上学的路上，我耳朵里还回响着妈妈的唠叨声，心里还是气鼓鼓的。
>
> 不巧，在路口，我想要闯红灯时，被一位交通协管老

大爷抓住了，他对着我又是一通教育。怎么连陌生的老大爷也成了我的老师，真烦人！

等我快步小跑到教室时，还是迟到了，数学老师已经开始上课。自然，我又被老师批评了几句。

这一大早的，我怎么这么倒霉？总是被人训导。一想到这些，我心里就恼火，第一节课我也没怎么听进去，稀里糊涂地挨到了下课。

下了课，同桌跟我借钢笔用，我没来由地冲他一顿嚷："没有！干吗跟我借，为什么不跟别人借！"

同桌奇怪地看着我，像看一个怪物，说："没有就没有，发这么大火干吗？"说完，他离开了座位去找其他同学借钢笔。

我的好朋友丁丁也走过来，安慰我说："你怎么了？是不是生病了？要不要回家休息一下？"

"你才生病了呢。"我没好气地对丁丁说。

丁丁也不安地走开了，剩下我一个人孤零零地坐在座位上。

白天一整天我都烦躁不安，看谁都不顺眼，做什么事都别扭。

晚上回到家，我在看电视，我妈看见了就一直责怪我说："怎么还看电视？作业写完了吗？今天讲的课复习好了吗……"

哪里都没有让我清静的地方，唉，实在是太烦了！

这个男孩所描述的这种烦躁情绪几乎是每个青春期男孩都难免会遇到的，这常常和生活中遇到的不顺心的事情有关。

事实上，生活中的不顺心与烦躁情绪的产生并无必然的联系。如果男孩能以乐观的心态对待生活中的不顺，努力发现其中积极的一面，烦躁情绪就会减轻很多。

人的一生不可能是一帆风顺的，青春期男孩也不可避免地会遇到一些不如意之事，出现烦躁情绪是很正常的。

给男孩的话

遇到烦心事，你要换个角度去想想。因为任何一件事都有正反两面，如果你总看到消极的一面，就容易心情烦躁，这种烦躁心情也会影响你接下来做事的效果。

如果出现了烦躁情绪，你可通过向人倾诉、做一些积极有意义的或自己喜欢的事等方式来缓解。

陷入早熟或晚熟的苦恼

一个苦闷的初二男孩曾给自己学校的心理老师发过一封邮件，向老师倾诉他因为自己晚熟而总被人取笑的苦恼：

尊敬的张老师：

您好！

我是一个15岁的初二男孩，个子矮小，有些人整天嘲笑我又瘦又弱的身材，说我像个发育不良的孩子。

一次，我的一个亲戚直言不讳地对我妈妈说："你在家不会虐待你儿子吧，不给他吃好喝好？不然，他为什么发育这么慢呢？"

虽然我知道亲戚是在跟我妈妈开玩笑，也是因为关心我，但我看到妈妈的表情很尴尬。其实，不仅是我妈妈，我心里也不是滋味。

要知道，在学校里，因为我"发育不良"，又因为我的性格软弱、自卑，我常常成为一些人嘲笑的对象。

一次课间，几个调皮的男孩在一起说笑打闹。他们看到我，谈论的话题就转向了我。其中一个高个子男孩嬉皮笑脸地对我说："喂，姑娘，你又在想什么呢？"

因为我说话声音尖细，像女孩子，性格、行为也不像男孩那样大胆、豪放，一个不怀好意的男孩给我起了个"姑娘"的绰号。

他们给我起绰号，取笑我，让我非常气愤，我曾为此与他们闹过几次矛盾，但他们更加放肆地拿我寻开心。这让我无可奈何，我甚至觉得自己很懦弱、很没用。

有时，我真想教训一下那些嘲笑我的人，却又不知道该怎么办。论力气，我不是那些男孩子的对手；论口才，我也说不过他们。

我时常会因为自己的"发育不良"而怨恨、责怪父母，会怀疑自己是不正常的。当我将自己的苦恼告诉父母时，他们只会责怪我胡思乱想。

这件事让我很苦恼，张老师，你能给我一点建议吗？我该怎么办呢？

很多青春期男孩在潜意识里会与周围的同性进行比较，希望自己无论哪方面都不落后于别人。

事实上，在青少年人群中，人和人之间的身体发育总有个体差异，总有一部分人发育早于或晚于别人。

青春期男孩的身体仍在发育过程中，某段时间的发育状况并不意味着最终的发育结果，所以男孩不必为自己早熟或晚熟而过于焦虑，应对此保持乐观坦然的心情。

如果男孩的身体不是停止发育、发育速度或发育程度远远偏离正常标准，就不必过于担心，不要怨天尤人、自卑自怜，而要始终保持乐观的心态。

给男孩
的话

　　早熟或晚熟的男孩都要保持科学均衡的饮食习惯。坚持科学的生活方式，加强锻炼，保证身体和心理获得正常发展。如果对自己的身体发育不放心，可以到医院做检查，听听医生的建议。

易被焦虑左右

　　孙冬是一所重点学校的尖子生，只要市里有竞赛活动，老师都会选派他去参加。参加竞赛前，老师都会给他"开小灶"，对他进行辅导，虽然这对孙冬的学习有所促进，但他感到精神压力很大，有点不堪重负。

在一次重要考试的前一天，孙冬在家里复习，为第二天的竞赛做准备，恰逢邻居在请客喝酒，声音很大，吵得他无法看书。他又急又气，心中烦躁至极。就是从那个时刻开始，他的心头忽然间产生了强烈的怨恨：怨恨老师总让他参加各种竞赛，使他疲惫不堪；怨恨隔壁的人整夜吵闹，干扰他复习；怨恨父母让他留在市里读这个使人疲惫的重点中学。由于一直处在这种焦虑、怨恨的心理状态下，孙冬几乎一夜无眠，可想而知，他第二天在考场上必然是"遭遇滑铁卢"。让所有人失望的成绩使得孙冬更加

怨恨老师、父母和邻居。

从这以后，每逢考试，孙冬就会想到上次的经历，焦虑、心慌总是困扰着他，他的成绩也一落千丈。

故事中的孙冬已经有了焦虑症的迹象。焦虑症，即焦虑性神经症，是一种常见的神经症，患者以焦虑情绪反应为主要症状，同时伴有明显的植物性神经系统功能的紊乱。常见的症状有容易产生恐惧、紧张、孤独、自卑等情绪，更严重者还可能伴发头晕头痛、失眠多梦、眩晕乏力、口干厌食、心慌气促、神经过敏、情绪不稳、体重下降等症状。

青春期是焦虑症的易发期，这个时期男孩的身心发育加快，身心变化处于一个转折点。压力、坏情绪、身体因素都会给处在这一成长时期的男孩带来焦虑。

焦虑症会严重危害青春期男孩的身心健康，若是长期处于焦虑状态，还可能诱发神经衰弱症。因此，青春期男孩一旦出现焦虑症必须及时进行治疗。一般是以心理治疗为主，配合药物治疗。

治疗青春期焦虑症最重要的是要给自己树立信心，因为大多数时候，焦虑都源于不自信。焦虑症患者应暗示自己一定能够处理好难题，并具备完成各种工作的能力。可以常用积极的语言进行心理暗示，如经常对自己说"我一定行""我这次一定能成功""我是个优秀的人"……这些积极的心理暗示能让你自信起来，你会发现自己正在向着你所暗示的方向变化。

给男孩
的话

　　每多一点自信，焦虑就会减少一些，同时反过来又使自己变得更自信，这个良性循环将帮助你摆脱焦虑症的纠缠。相信通过长期积极的心理暗示，你一定可以缓解甚至是消除焦虑疾患。

产生虚荣心

"爸，以后你接我放学时将车停远点，我自己走过去就可以了。"

"为什么？"

"你那辆车太破了，我同学家的车都比咱家的好，同学们看见了会笑话我的。"

听到13岁的儿子对自己说出这样的话，这位爸爸愣住了。他觉得自己天天在外打拼，供孩子吃穿，孩子不仅一点不感恩，还如此虚荣，真让人心痛。

以前同学之间比的是成绩，可是现在则相反，青少年更乐于在物质上进行攀比。

相关调查显示，青少年的攀比主要集中在穿衣打扮、电子产品、零花钱和父母等方面。

对于青少年为什么爱在物质条件上进行攀比，受访者认为有以下几个方面的原因。一是受攀比风气影响；二是受"重物质、轻内涵"的观念影响；三是家长过于溺爱孩子；四是虚荣心作祟；五是很多家长自己就爱面子。

其实，不少人都有虚荣心，对于孩子来说也不例外。从心理学角度来看，有虚荣心其实是青少年心理发育过程中的正常现象。但是，在这一阶段，如果让虚荣心肆意膨胀，青春期男孩轻则产生自卑、患得患失的不良心态，重则会走上贪图享乐、撒谎欺诈，甚至犯罪的道路。

法国哲学家柏格森说过，虚荣心很难说是一种恶行，然而一切恶行都围绕虚荣心而生，都不过是满足虚荣心的手段。心理学家也指出，攀比心理容易造成忧郁和嫉妒情绪，容易让青春期男孩产生缺陷感，甚至感觉自己一无是处。

　　因此，青春期男孩一定要注意调整自己的虚荣心理，调整好了，虚荣心可以转化为进取心，成为积极进取的动力。

给男孩的话

　　青春期男孩要明白这个道理：要想摆脱烦恼，健康快乐地成长，就要摒弃虚荣心理，培养积极乐观的心态。其实，虚荣心属于一般心理现象，只需要进行自我心理调节即可。

男孩也会羞怯

帅帅特别容易羞怯，同学们常因此取笑他。他害怕看老师的眼睛，在课堂上总是低着头，垂着眼皮，因此常受到老师的批评。课间的时候也总绕着老师走，遇到老师就低头装作没看见，老师们都不喜欢他，说他没礼貌。和同学交往时，他也特别害羞，一跟同学说话，就直冒虚汗，心里发慌；硬着头皮与人说上几句，也是前言不搭后语，结结巴巴，紧张得手足无措。为了避免难堪，他只好尽量不与同学说话。其实，他内心很尊敬老师，也非常想和同学们交流。帅帅非常苦恼，不知道该怎么办。

几乎每个人生活中都有羞怯的时候。我们常说的羞怯，就是羞涩胆怯，主要表现为紧张、难为情、脸红和退缩。羞怯是一种常见的心理现象，有调查表明，成年人中只有极少数人确信自己从未感到过羞怯，大部分人认为自己在儿童和青少年时期感到过明显的羞怯。

产生羞怯心理的人会有这样几种表现：心跳加速、脸红、思

维混乱、语无伦次、举止失常等，这时他会感到有一种无形的压力，似乎自己正在被人审视，不敢直面对方，感到极难为情。特别是遇到尊敬、在意、喜欢的人时，羞怯更易发生。

从心理感受上讲，羞怯者会强烈感到自己一旦做错了事或者有一些不得体的行为，别人一定都会看在眼里；觉得别人都知道在某种场合如何应付，只有自己不知所措，只想赶快逃离这个场合。

羞怯有很多消极影响。一方面，羞怯会阻碍青春期男孩的自我表现，使其能力大打折扣。另一方面，羞怯会影响青春期男孩与别人正常交往，容易给人一种冷淡的印象。

给男孩的话

　　青春期男孩的羞怯大多是由自卑等情绪所致。在羞怯的时候，男孩可以调整内心认知，不要对自己全盘否定，多想想自己的长处，从而产生自信。当然，自信不是一两天就能建立起来的，同样，羞怯也不是一两天就能够克服的。循序渐进地树立自信是克服羞怯的好办法，给自己积极的心理暗示，勤于练习当众发言等，都是非常有效的方法。

易产生嫉妒心理

　　松松是高二年级的男生，一直以来他都是年级里的尖子生，在班里更是受到各科老师的喜爱。加之他曾多次代表学校参加省、市的各种比赛，并取得了相当不错的成绩，因此很骄傲，从不把其他同学放在眼里，直到下半学期班里转来一个叫林伟的男孩。

　　林伟的成绩与松松不相上下，个别学科还高松松一筹，自然也受到了老师和同学的另眼相看。

　　对此，松松的自信心受到了打击，心里有点不高兴，受嫉妒心的驱使，他经常在背后说林伟坏话。说他爱出风头，好表现自己，动不动还找林伟的麻烦，有时甚至把林伟的笔记本、作业本藏起来，让林伟不能安心学习。

　　松松本想打击林伟，却没想到班里的同学都说他嫉妒心太重，不是个正人君子，也都不愿理睬他了。

　　青春期的嫉妒心理是消极的、有害的，它会破坏人际关系，

伤害同学之间的友好感情，甚至会由于攻击性情绪的滋长而造成更大的悲剧。

嫉妒是一种不良的心理状态，对青春期男孩身心的健康发展极为不利。以下是几种克服嫉妒心理的方法。

① 不要盲目地与他人作比较 >>

中国有句俗话："人比人，气死人。"在这个世界上，每个人都有优点和缺点，每个人都有长处和短处，不要以己之短去比他人之长，这种盲目的比较只会挫伤自己的自信心，阻碍自身的发展。

② 开阔胸怀，学会豁达 >>

　　各人有各人的长处，青春期男孩不能因为自己有短处就害怕别人超过自己，对别人任何方面的成绩、进步都要正确看待。这种良好的心态是一个人健康人格的反映。

　　当看到别的同学比自己优秀的时候，要给予赞美，而不是嫉妒人家比自己好。试想一下，你自己也有比别人优秀的地方，那是别人无法和你比的。如果想超过别人就要靠自己的努力，而不是从心里一直恨别人比自己强。

③ 选择积极友好的竞争方式 >>

　　不正当的竞争手段，不仅不能使自己进步，还可能对自身的身心健康产生极大危害。

　　真正让人敬佩的男孩在开展竞争时一定会采取积极友好的方式，友好的竞争能达到督促自我进步、促进友谊发展的目的。懂得了友好竞争，嫉妒心理也会逐渐消失。

④ 让自己的生活充实起来 >>

　　人的生活不丰富时就容易把注意力转移别人身上。如果你正被嫉妒的情绪困扰，说明你的生活还不够充实。建议你多为生活增加一些精彩内容，如在课余时间进行阅读和运动。生活得很充实，你的嫉妒心理就会逐渐消失。

⑤ 正确地评价和对待别人的成绩 >>

要看到别人取得的成绩中蕴含的辛勤付出，自己应当学习别人。不要嫉妒、贬低、攻击别人，而应坚定前进的信念，奋起直追，通过努力缩小与别人的差距，要有"你行我更行"的心态。

给男孩的话

嫉妒是一种消极的心理状态，不仅对自己没有任何好处，还会伤害自己。因此，青春期男孩一定要学会豁达。

和父母说谎

一位老师曾和一些青春期的男孩进行交流，提到为什么要对父母说谎，有个男孩是这样说的：有次他和同学约好了周末去野营，可他没对父母说实话，他告诉父母自己和同学去外地参加课

外实践，晚上就不回家住了。其实他也不想骗父母，可为了不让他们担心，也不想听他们唠叨，只好说谎了，同学也说这叫"善意的谎言"。他觉得自己这样做并没有错。

进入青春期的孩子自主意识萌生。如果这个时期父母不善于倾听孩子的心声，不尊重孩子的意见，不信任孩子，不给孩子表达的机会，孩子就容易产生说谎的行为，甚至有的时候连让你听谎话的机会都没有，这就是为什么越来越多的青少年不愿意和父母交流的原因。

在发现孩子说谎后，父母会愤怒这是一种本能，但如果父母单纯将一顿怒火发泄在孩子身上，也就关闭了孩子和父母交流的通道。

那么，如果父母发现孩子说谎应该怎么做呢？

① 跟孩子沟通 >>

一旦发现孩子说谎，父母要跟孩子多沟通交流，要告诉孩子，不管遇到什么困难都可以跟自己讲，因为自己跟孩子并不是对立的，而是会想方设法帮助孩子解决所有问题。

② 正面引导 >>

不要一发现孩子说谎就一味地指责他，不能用说不说谎评价一个孩子的好坏，有时候孩子说的谎也可能是善意的谎言，父母最好在了解孩子内心真实想法之后再做决定，当然即使孩子真的说了谎，父母也别忘了要正确引导。

③ 尊重孩子 >>

在发现孩子说谎后，父母应给予孩子尊重，引导孩子说出说谎的原因，父母再明确表明自己的态度。这一系列的过程，能够让孩子感受到父母在意自己并且尊重自己，孩子才能真正反省自己的错误。

④ 帮助孩子树立正确的价值观 >>

在平常的生活中，父母应从细节上多关心孩子。父母的体贴关心能改善亲子间的关系，创造融洽的家庭氛围。在温馨的家庭氛围中，父母要注意自己的言行举止，以身作则，使孩子在潜移默化中树立正确的价值观，这样，孩子才不会养成说谎的习惯。

⑤ 善于倾听 >>

做孩子最忠实的听众。当孩子想表达自己的想法和愿望时，父母如果认真、专心地倾听孩子的每一句话，孩子会表现得比较积极，会主动发表自己的看法和意见。父母要耐心地听完孩子的阐述，从而从中了解孩子的想法，并且给出合适的反馈或建议。孩子如果感受到自己的想法被尊重，则可能不会选择说谎来达到自己的目的。

6 父母要以身作则 >>

父母是孩子的第一任老师，父母的行为影响着孩子。如果父母是诚实的人，相信孩子也会学习父母的美好品德。若父母不诚实，孩子也会养成说谎的习惯。对于孩子的教育，父母应该以身作则，用真诚来教导孩子做一个诚实的人。

给男孩的话

　　青春期男孩要明白一点，说谎本身就是一种错误的行为。很多时候，青春期的男孩说谎是因为担心被父母否定或责骂，如果你遇到什么问题或者有什么事情，不妨和父母讲实话，这样也许会比你预期的效果更好，而且父母也会给你更成熟的建议。

自主意识增强

寒假快到了，小泽和爸爸妈妈商量自己寒假准备参加户外活动的事情。

爸爸妈妈，我准备寒假的时候参加一些户外活动，你们觉得可以吗？

都有什么活动呢？

可以去其他城市旅游或者去参观航天基地。我想去参观航天基地，你们觉得怎么样？

还是去旅游好一些，到其他城市去看看，可以帮你增长见识。航天基地太专业了，不太适合你，即便你到了那里，也不懂那些，而且那些知识对你的学习没什么帮助。

可是我想去航天基地看一看，我对航天知识更感兴趣一些。

你只是高中学生，对航天知识一点都不了解，去那里也是白去，还是选择旅游吧。

 可是我还是想要坚持自己的选择，去参观航天基地。

第二天，小泽到班主任办公室和班主任说了自己昨晚和爸爸妈妈在选择户外活动上产生的分歧。班主任笑着说："小泽同学选得很不错啊，这是一次难得的机会。去航天基地参观，你会学到很多科学知识。"小泽说："可爸爸妈妈说，那些知识对我的学习来说没有什么帮助。"班主任说："怎么会没有帮助呢，只要是知识，对你都是有帮助的，而且旅游什么时候都可以去，你也可以等拿到了大学录取通知书以后，和家人一起去。总之，这次机会很难得，错过就没有了。"小泽听了班主任的话，发现原来爸爸妈妈的话也不一定正确，他高兴地坚持了自己的选择。

晚上回到家，小泽把班主任的话转述给爸爸妈妈，他们表示了赞同。

从上述对话中，我们看到一个青春期男孩对自己选择的坚持。事实上，男孩进入青春期以后，自主意识会逐渐增强，凡事都希望自己能够做主，也希望自己的选择能够得到父母的尊重和同意。这对于每一个青春期男孩来说都是很正常的。尽管男孩的

选择不一定正确，但是男孩学会了自己拿主意，父母也会为此感到高兴。

然而，因为阅历尚浅，青春期男孩对外部社会缺乏足够的了解，因此容易产生一些不切实际的想法，这些想法会导致他在行动中遭遇挫折或困难。但遇到挫折并不可怕，男孩要从中吸取教训，并且要虚心听取父母和老师的建议。因此，有自主意识是好的，但固执坚持或盲目自信有时并不科学。在做决策时，除了问问自己的想法外，还是需要听听父母和老师的意见，他们毕竟年龄更大，经验更多，能够提一些中肯的建议，使男孩在人生的道路中少走一些弯路，多一些成功的机会。

给男孩的话

　　青春期男孩的认知能力和自主意识逐渐增强，对很多事情开始有了自己的想法，但也别忘了虚心听取父母、老师的意见和建议，不要一意孤行。

产生自卑心理

小宁和胡洋洋住在同一个院子里，两家离得很近，他们上同一个小学，一起去学校，一起放学回家，是很好的伙伴。

自从他们升入初中后，两个人的关系就淡下来了，甚至有时碰了面也仅仅是打个招呼，没什么话可说，因为他们不在一个学校上学了，胡洋洋上的是市重点中学，小宁上的是普通中学。

小宁总感觉自己比不上胡洋洋，胡洋洋总是能得到邻居们的称赞，甚至一些邻居还拿他们两个做比较。这让小宁很郁闷，所以他见了胡洋洋也不知道说什么好了，感觉自惭形秽。

胡洋洋看到昔日的伙伴变成了这样，不知道发生了什么事情。两人虽然还是朋友，但偶尔碰面都感觉到一种说不出的别扭。

小宁的表现就是自卑造成的。处于青春期的男孩很容易陷入自卑的旋涡。之所以会这样，是因为男孩的关注点已经转向自身，他们有了初步的自我判断意识，开始关心自己在别人心目中

的形象。

　　自卑感主要是指个人在与他人进行比较时，对自己的相貌、品质、能力、学识等做出过低的评价而产生的消极的心理活动，常常表现为胆小怯懦、心情抑郁、遇事缩手缩脚、缺乏必要的生活勇气和信心等。自卑感较强的男孩容易把自己封闭在"黑色世界"内，让自己陷入焦虑而又消沉的"灰色心理"状态之中。这样不仅会使男孩失去很多好的机会，而且也不利于他的人际交往，甚至会导致他人格的缺失和心灵的扭曲。

小梁在日记中写道：

> 我是一个很自卑的孩子，我感觉自己总是在黑暗中摸索，不愿和他人交往，不愿见到别人，不愿与别人说话，做任何事情都缺乏勇气和信心。我讨厌这样的自己，也害怕自己一直这样下去，我该怎么办？

自卑感是青春期男孩常见的心理障碍之一。它严重影响男孩的人际交往，严重妨碍男孩学习、生活的正常进行，并且还会阻碍个人能力的发挥，对男孩来说是非常不利的。

男孩旭旭在班上学习成绩一直不错，也拥有让人羡慕的才艺。然而，旭旭时常感到自卑，害怕和同学们交往，也不喜欢参加集体活动。他被老师选中参加市级数学竞赛时，因为担心自己发挥不好，辜负老师的期望，结果居然放弃了去参加竞赛的机会。

是什么原因让本来拥有诸多优势的旭旭表现得这么自卑呢？原来，虽然旭旭成绩一直不错，但是因为旭旭身材比较瘦小，和伙伴们一起玩耍的时候经常会有人嘲笑他是"小豆芽"。在他人的嘲笑声中，旭旭的关注点也渐渐从自己的优势转向了自己的不足。长久地盯着自己的不足看，旭旭也就慢慢变得自卑起来，不

仅害怕和同学们交往，还对自己的能力产生了怀疑，整天郁郁寡欢的。

任何一个人的自信或者自卑都不是与生俱来的，这跟一个人的思想和心态有着极大的关系。

大家都有这样的经验：当某些不快乐的画面总是在我们脑海中闪现的时候，我们的精神状态往往就很难好起来。

其实，人之所以会变得自卑也是这个道理。你若总是盯着自己身上的不足，总是盯着自己不如别人的地方，就难免会变得自卑。

我们都知道，眼镜的镜片一般是透明的，并不阻挡视线。可是"自卑"这副眼镜的镜片却是木头做的。这副眼镜会阻挡你观察外界的视线，阻挡你去正确地认知自己，让你看不到真实的自己。

如果总是戴着这样一副眼镜看待自己，永远不会自信起来。

想要成为一个优秀的男子汉，就不要因为自己身上存在着某些不足而自暴自弃，也不要因为自己某些地方不如别人就止步不前。

青春期男孩应该如何克服自卑感，走出"黑暗世界"呢？

① 增强自信心 >>

要相信自己，要善于发现自己的长处，不要随意贬低自己的能力。增强自信心的最好办法就是先涉足一些自己熟悉的领域，慢慢培养自己的自信心，之后再向其他领域发展。

② 自我激励 >>

注意不要把目标制定得过高。自卑往往是由于失望而产生的，目标过高可能会导致失败而失去信心，最后产生自卑心理。确立合乎实际的目标，并且要经常保持积极的信念：我能行！我肯定行！这种自我激励的方法有助于提高自信心。

3 积极乐观 >>

要以豁达的态度来对待挫折，不要被失败打倒。要知道坚持下去就有可能成功。

给男孩的话

　　积极参与人际交往能够让你正确地认识他人的长处与短处，进而正确地认识自己、评价自己，让自己自信起来，使自己的性格变得开朗起来。

产生厌学心理

　　邹涛从上学开始，一直是老师和同学眼中品学兼优的学生，成绩稳居年级前列，每年的三好学生都少不了他。后来，邹涛如愿以偿地考进了重点高中，他对自己的高中生涯做了很好的规

划，他内心渴望自己能够像小学、初中时一样风光，令人羡慕。

开学伊始，邹涛在感到新鲜的同时也感受到了一些压力，这在以前是从来没有过的。期中考试时，他考了全班第五名，在年级里排到十名，这对他来说简直是无法接受的。在短暂的沮丧之后，他决定奋起直追。虽然成绩有所提高，但是他觉得一点儿也不轻松。为了提高成绩，他几乎把所有的课余时间都花在了上补习班上，对其他方面的涉猎自然就少了很多。

渐渐地，他又感受到了压力。上体育课时，同学们都在踢足球、打篮球，可是邹涛既不会踢足球，又不会打篮球，别人都不愿意带他玩；下课看着同学们激烈地争论时事，邹涛一句话也插不进去，因为他根本就没关注过时事。

邹涛想融入同学们之中，于是，他开始练习踢足球、打篮球，看新闻，听广播。可是这样一来，他又觉得自己的学习时间被压缩了，担心成绩降下来，弄得自己很焦虑，很苦恼。时间一长，他开始害怕上学，怕见到老师和同学。每天晚上睡觉前，他都会想：要是天不亮就好了；要是每天都是星期天该有多好；要是我今晚生病了，明天就不用去上学了。

上面事例中，邹涛的情况就是厌学的一种反应。其他的反应还包括头痛、头晕、失眠、睡眠障碍、腹痛、胸痛或者胸部有憋闷感、身体乏力、心慌、恶心呕吐等。

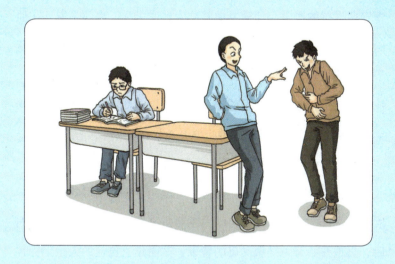

但事实上，很多家长、老师对此的认识明显不足，很多人把青春期男孩的厌学心理简单地归结为逃避上学。也就是说，在他们看来，孩子的厌学心理不是病，而是一种纯粹的逃避行为。基于这样的认识，家长、老师在面对有厌学心理的青春期男孩时，往往倾向于采取简单粗暴的态度加以训斥，而不去思考导致其厌学的深层次原因，导致其厌学心理更加严重。

找到青春期男孩厌学的真正原因是解决这一问题的关键。

许多男孩在青春期之前努力学习是为了得到父母的欣赏或是因惧怕父母的威严，其学习动力主要是来自于父母。进入青春期后，男孩开始努力摆脱父母的管束，试图建立自己的人生坐标，对父母的依赖性减弱，为父母而学的学习目的逐渐失去激励作用。于是，很多孩子会出现厌学心理。

当青春期男孩产生厌学心理后，身体会出现一些不适的症状，比如头痛、头晕、失眠、乏力、心慌、恶心、呕吐等，这些症状会促使他远离学习，而且会使他感到好像只有离开学习才能达到心理平衡。于是，他不愿做作业，上课不认真听讲，经常违反课堂纪律，时常迟到、早退、旷课、逃学，对老师、家长提出的学习要求常常非常抵触，甚至干脆弃学出走或辍学。

还有的男孩厌学是由于对学习没有兴趣，体会不到学习的乐趣和成就感，再加上老师和家长施加的压力，勉强学习时常伴随着不愉快的体验，如易产生焦虑、紧张、恐惧、羞愧、内疚、厌恶等情绪，学习完全变成了应付差事。因而，他们对学习越来越厌倦。

此外厌学还有一个常见的原因就是学习态度消极，而导致学习态度消极的一个很重要的原因是自卑。青春期男孩容易将学习成绩作为衡量自己能力的唯一尺度，而且常把学习成绩的好坏和面子挂钩，如果学习成绩不好，他们就会感觉自己能力很弱，特别没面子，觉得家长、老师、同学都会看轻自己。时间一长，就会形成自卑心理。

事实上，学习成绩的好坏并不能代表一个人能力的强弱。只要掌握了正确的学习方法，成绩完全是可以改变的。非常重要的是要端正学习态度。所谓学习态度，就是对学习的看法、情感，以及决定自己行动的心理态度。对于学习的看法，即青少年对于学习目的、意义的看法，这包括学习是为了什么，学习能给自己带来什么，学习的重要性等。对于学习的情感，即在学习活动中的情绪状态和情感体验，这包括在学习中获得乐趣、成就感等。态度，即打算如何学习，如何达到学习的目的，这包括学习方法、学习投入程度、学习的途径等。这其中，情感因素是核心，起关键作用。

因此，青少年要在情感上对学习重视起来，找到自己学习的动力，用良好的心态去学习，体会学习的乐趣。树立自信心，从而爱上学习。

给男孩的话

　　学习要勤奋刻苦。就学习而言，即使掌握了正确的方法，也需要投入时间和精力，否则也是很难见成效的。开始学习时可以先强迫自己坐下来，通常在5～10分钟之后就会进入状态。

02

第二章
男孩要知道的身体变化

悄然而至的身体变化

　　一次，老李给朋友老章打电话，约他出去聚聚。接电话的人声音很低沉，老李以为是老章，也没多想，就直截了当地说了时间地点，电话那头却突然没了声音。

　　半晌，对方又开口了，说："李叔叔，我不是老章，我是他

的儿子小章。"

老李不好意思地说："原来是小章，一段时间没见，小家伙已经变声了。嗨！闹了个笑话。"

到了青春期，男孩的身体会发生许多变化。无论在外表上，还是生理上，都会有较大的改变。

一方面，青春期男孩的身材会有明显的变化，骨骼逐渐发育成熟，身体会变得更加强壮，身材会更加匀称，而与初中时相比，男孩在高中时的体魄将更加强健。在这个阶段，男孩子的身高、体重、力气都会有显著的增长。

另一方面，青春期男孩还会出现第二性征的发育，如声音变粗，胡须和腋毛开始长出，长出阴毛，睾丸和阴茎增大，性腺发育成熟，开始有遗精现象。

此外，青春期男孩的性格也开始发生变化，会由幼稚变得成熟稳重。

青春期男孩身体所产生的许多变化都与垂体这个人体内最复杂的内分泌腺有关。垂体位于丘脑下部的腹侧，体积约有一粒黄豆大小，所产生的激素不但会促进身体骨骼和软组织的生长，也会影响内分泌腺的活动。

总之，青春期男孩会经历很多的变化，男孩应该科学认识和看待自己身体的种种变化，如有疑惑或困扰，不妨多与父母沟通，向他们请教。同时，学会爱自己，保持身体健康，加强体育锻炼，做一个健康快乐的男孩。

给男孩的话

　　其实，青春期的男孩，自己也可通过相关读物、网络和同伴之间的交流而获得更多青春期的知识。总之，要正确认识自己身体的变化。

身上开始长体毛了

　　一个周日的下午，天易和他的兄弟柯晓磊、陈晨、臧明朗去打球。打完球，几个孩子在球场旁边喝水，休息。

　　天易的妈妈发现，天易、柯晓磊、陈晨都穿着背心、短裤，唯独臧明朗穿着长袖、长裤，而且汗水已经将他的衣裤都打湿了。天易的妈妈有些奇怪，就问臧明朗："明朗，你看他们几个都穿短袖、短裤，你怎么穿长袖、长裤呢？这么热的天，你穿成这样不热吗？"

　　"阿姨，明朗是个'野人'，他不敢穿短袖。"调皮的柯晓磊说。

　　"什么意思？"天易的妈妈感到有些莫名其妙。

　　"哎，阿姨，别提了，我真的成了一个'野人'。"明朗撩起自己的一只袖管，指着胳膊上的汗毛说："您看，我胳膊上、腿上都长了这么多汗毛，就连前胸这里也长了很多体毛，简直就是一个'野人'。"天易的妈妈明白了。

"哈哈，臧明朗你出现'返祖'现象了。"晓磊又揶揄明朗说。

"别捣乱，我正烦着呢，你还这么取笑我。"明朗责怪晓磊，转头又对天易的妈妈说："阿姨，我是不是有病啊，身上怎么这么多体毛？为什么他们身上都没这么多呢？"

天易的妈妈见明朗身上的体毛并不是出奇的多，而仅仅是比其他男孩多一些而已，于是对他说："其实，你这种现象是正常的。"

"我妈也这么跟我说，还劝我不要太担心。可是我觉得这个样子太难看了，就想拔掉一些。"明朗说。

天易的妈妈说："千万不要拔它呀。这些体毛是你由男孩成长为男人的标志之一，你不应该感到奇怪。实际上，体毛对你的身体有很好的保护作用，可以减小细菌等微生物进入你的身体的机会，并且当你活动的时候，体毛还能减轻你的皮肤因为摩擦而受到的伤害。"

"原来我们的体毛有这么多的作用啊！"明朗突然感觉自己的体毛不再碍眼了。

体毛的产生和雄激素分泌密切相关，一般来说，男孩比女孩的雄性激素分泌得多，所以男孩比女孩身上的体毛要多一些。

男孩身上体毛的多少也有个体差异。有的男孩胳膊上、腿上，甚至后背、前胸都会长出很多体毛，有的则没有那么多。这些不同情况都是正常的，不必因此感到害羞甚至自卑。

给男孩的话

男孩不必过于在意自己的体毛，这是男孩长大成熟的标志之一。只要没有影响到你的正常生活，就不要太担心。需要注意的是，不要用手或镊子将体毛拔掉，因为这很容易引发皮肤感染。

开始长胡子

早上，丁丁起床后，来到卫生间对着镜子刷牙，突然发现自己嘴边和下巴长起了胡子，这不禁让他觉得有点骄傲，虽然只是稀疏的几根，但丁丁也觉得很高兴，这是男子汉的象征。想着自己向班里男生炫耀的样子，丁丁就忍不住哼起了歌。

第一节课下课之后，丁丁就神秘地对好朋友坤坤说："你看我脸上有什么变化没有？"旁边传来一个声音："哪有什么变化，还不是一张小白脸。"原来罗小松看见丁丁神秘的样子就凑了过来。丁丁骄傲地说："哼，就知道你们看不出来，我长胡子了！你们看，虽然只有几根，但已经很帅气了。"坤坤凑近看他的脸，眼里满是羡慕，而罗小松撇撇嘴说："帅气？你回家看看你爸爸那铁青的下巴，你就不会说帅气了。我还是觉得白白净净好。"丁丁不愿搭理他，只顾和坤坤说笑。

此后，丁丁也没有太在意自己的胡子。偶然的一天，同桌丽丽问丁丁："丁丁，你的下巴沾了什么东西？黑乎乎的。"丁丁

摸了摸自己的下巴，感觉有些扎手，连忙对着旁边的玻璃照了起来，他发现自己的下巴真的黑乎乎的，十分难看。他回家后又照镜子，才发现自己下巴的胡子比之前多得多，他想起罗小松的话，不禁担心起来。于是，他对着镜子拔了几根胡子。可是没过多久，他发现胡子越长越密。想起爸爸那铁青的下巴，他又不敢用剃须刀去刮胡子，该怎么办呢？

进入青春期的男孩子长胡子是必然现象，一些男孩对此难以接受。像丁丁刚开始还会对自己的胡须产生好奇，但是看着越长越密的胡子，就开始慢慢厌恶起来，总是动手去拔，这都是青春期男孩常有的情绪和不良习惯。

胡子所在部位正是医学上所说的"危险三角区"。拔胡子时虽然拔不掉毛囊，但是却极易损伤面部皮肤、毛囊及相邻的皮脂腺。附在皮肤表面的细菌就会乘虚而入，引起毛囊和皮脂腺发炎，形成疖肿。

那么，胡子是怎么冒出来的呢？又该如何正确处理胡子呢？

Q1： 胡子是怎么冒出来的？

长胡子是男性第二性征的一个表现。男孩进入青春期后，睾丸就会开始分泌雄激素，使男孩开始长胡子。青春期男孩的胡子每天大约长0.4毫米，比头发长得快。

Q2: 如何正确剃须？

最开始的时候，可以用剪刀剪掉刚长出的几根胡子，但千万要小心别伤着自己的脸。过一段时间之后，再改用电动剃须刀剃须。如果用刮脸刀刮脸，一定要先将面部热敷2分钟以上，用剃须膏或香皂泡沫涂抹长胡子的部位，然后再小心翼翼地刮。如果不慎将面部划破，可以外用一点止血药，也可以用一小团干净的棉花按住伤口，直到不再渗血为止。另外需要注意的是，千万不要跟别人混用剃须刀。

给男孩
的话

如果你在进入青春期后还没有长胡子，也不要着急，因为不同男孩长胡子的初始年龄不一样，有的会早几年，有的会晚几年，都是正常的，不要为此担忧。但假如进入青春期后第二性症迟迟没有呈现，这就应该引起重视，需要到医院进行检查和治疗。

有的人喉结明显，有的人喉结不明显

　　天易进入青春期后，其他一切正常，唯独喉结不明显。天易经常反复对着镜子照，越照越觉得自己的喉结不明显，这让天易担心不已，因为天易以前听人说过喉结是男性第二性征的表现之一，男性发育后，喉结会突出。

　　天易的同学因此经常拿他开玩笑，甚至还有同学以此嘲笑天易。原本活泼开朗的天易，开始变得有些郁郁寡欢，有时候又会因此产生自卑心理，生怕暴露颈部，甚至连夏天都穿着高领衣服。这个问题成了天易的一个心病。天易是不是真的发育不正常？这真的是一种疾病吗？

　　对于天易的焦虑，父母也很担忧，于是他们在周末时将天易带到医院进行检查。医生说，小伙子身高175厘米，体重75千克，肩宽体壮，肌肉发达，内外生殖器发育均正常，胡须、体毛及阴毛分布均符合男性特征，而且声音低沉，是个标准的男子汉。听了医生的话，天易这才彻底打消了疑虑，而且之后天易再

也不为喉结的事情而烦恼了。

你是不是也在为自己的喉结不明显而苦恼不已？其实喉结的明显与否，与第二性征发育没有必然的关系。

咽喉的发育状况与年龄、性别有关。与女孩喉结没有明显变化不同，进入青春期后，男孩因为雄激素的影响，身体发生很大变化，位于颈部的甲状软骨开始向前方突出，使喉结的前后径增加将近一倍，这就是喉结发育的生理过程。

有人会感到很奇怪，是什么因素让有些男孩的喉结不明显呢？有学者曾为此做过临床调研，结果发现，如果你在青春期前就经常进行一些高强度的体育训练，则可能会出现喉结不明显的情况。有些非常健壮的田径、体操运动员，他们肌肉发达，男性性征也很正常，但喉结却不明显。

还有一些人是因为颈部较粗或甲状软骨不是典型向前突而是向四周等量扩张，导致喉结看起来不那么明显。

这样一来，男孩对于喉结不明显的担忧完全可以消除了。

给男孩的话

一些男孩为自己的喉结不明显而苦恼和自卑，总是害怕因此招来别人的嘲笑，有的担心自己发育不良，有的还担心会影响到以后的恋爱结婚，有的甚至想要做喉结整形手术。这些担心完全没有必要，男孩应该把主要的时间和精力花在学习上，保持乐观的心态，用好成绩和真诚友好的交往态度化解同学的嘲笑。如果真的不放心，则可以去医院做做检查。

声音突然变了

一进教室门，南南就被班里同学围了起来。班里最调皮的男生小柯大声喊道："大家快来看哪，唐老鸭来了！"

南南感觉很奇怪，唐老鸭？谁是唐老鸭？南南一把拉住小柯，说："小柯，谁是唐老鸭啊？"一张口，南南才发现自己的

声音变得沙哑了，真像那唐老鸭的声音，他急忙捂住了自己的嘴巴。

小柯大声笑道："谁？不就是你嘛，瞧瞧你的声音，跟唐老鸭的声音差不多，我说你最近是不是动画片看多了？"

南南想大叫，但感觉自己嗓子发紧，越想大声叫，声音就越

小。南南心想：是不是昨天晚上把被子踢掉了，感冒了？他摸了摸自己的额头，咦？不烫啊，那自己的声音怎么会这样呢？

晚上回到家，南南放下书包就跑到书房里去翻抽屉，坐在客厅的爸爸看到了，觉得很奇怪，于是就去询问南南。

 南南，你在干吗呢？赶快来写作业，写完了作业咱们好开饭。

爸爸，咱们家的感冒药放哪里了？

 找感冒药干什么呢？你感冒了吗？你的额头不烫啊，你没感冒吧。

但我的声音怎么像唐老鸭一样啊？同学们都笑话我，我以为自己感冒了。

原来是这样啊，那是因为你长大了，开始进入变声期了。

当男孩步入青春期后，声音的变化将表现得非常明显，如音域会变得狭窄，声音会变得沙哑，在唱歌时还容易破音、跑调，等等。这些变化其实都是正常的，千万不要担心，男孩只需要保护好自己的嗓子就行了。

为什么男孩进入变声期，声音就开始变得沙哑，甚至出现像唐老鸭那样的声音呢？什么是变声期呢？

其实，变声期并不是什么特殊的时期，它只是从童声到成人声的变化阶段，是人人都要经历的正常生理过程。个体一般的变声期在10~12岁之间，主要表现为声音嘶哑，声带局部充血、水肿，音调、音色逐步发生变化。

变声期可以分为变声初期、变声中期、变声后期三个阶段，每个阶段表现都不一样。

① 变声初期 >>

这个时期男孩和女孩说话和唱歌的声音和童年的声音相似，不过说话时偶尔会出现粗涩、沉闷的声音。与此同时，男孩可能觉得自己的嗓音有些不听使唤，发不好高音；发音耐久力差，音调不稳定，有时说话走调，甚至出现怪音等现象。

② 变声中期 >>

它是嗓音变化最明显的时期。一般来说，这时男孩说话和唱歌时的声音会和以前有显著不同。声音变粗变低，但有时还有娃娃声。唱歌时难以控制自己的嗓音，唱高音比较困难，调门越来越低。变声时间越长，娃娃声就越少，成人声音成分就越多。到此期结束，声音就完全变成了低而沉厚的成人声音了。

③ 变声后期 >>

这个时期说话的声音稳定了，但是唱歌的声音还不够稳定，自己还控制不好。这一阶段持续的时间有长有短，因人而异。

当然，不同的男孩，变声期长短是不一样的，有的人变声期较短，可能才4～6个月；但有的男孩变声期可就长了，可长达1年左右。变声期男孩的声带会发生比较明显的变化，例如声带充血肿胀，分泌物增多等，所以在变声期间，男孩的嗓子很容易受损伤。

那么，男孩如何在这一时期保护自己的嗓子呢？为了保护好自己的嗓子，男孩在这一时期要收敛个性，不要大声喊叫，尽量避免长时间大声说话；尽量改变不良习惯，如吸烟、吃刺激性食物；做到劳逸结合，积极参加体育活动，防止感冒。

男孩处于变声期的时候，会发现自己很难控制自己的声音变化，它时而又高又尖，时而又低又沙哑。这会让男孩感到很无奈，因为男孩不能控制声音的这些变化。它有可能在错误的时间变得又高又尖，让男孩当众出洋相，成为被同学们取笑的原因。这可能会给男孩带来烦恼，但是请记住：这是男孩成长的标志，并且变声期终会结束。

变声期的男孩要注意以下几点。首先，不要扯着嗓子高声喊叫或无节制地大声喊叫，这些用嗓过度的情况可能导致你的声音终生沙哑；其次，最好不要吃太多辣椒、大蒜等辛辣刺激的食物，这些食物很容易刺激声带黏膜，引起急、慢性喉炎或咽炎。男孩在变声期可以多吃含有胶原蛋白的食物，如猪蹄等，对声带发育有好处。

给男孩的话

一般来讲，变声期嗓音变化的现象，男孩相对女孩来说更为显著。这一时期女孩子发高音时变化不显著，发低音时不稳定；男孩相反，发低音时变化不显著，发高音时不稳定。

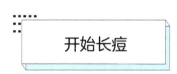

开始长痘

一天早上，南南爸爸发现南南在卫生间里待了很久还不出来，他正在纳闷呢，就听见卫生间里传来了南南的哀号。

 天哪，又长了几颗痘痘！啊——

南南，这么大半天你待在卫生间干什么呢？赶快来吃饭吧，别在那里磨蹭了。

 我又长了几颗痘痘，好难看！

哎，没事的，青春期的男孩子长几颗青春痘是很正常的嘛！

 小柯就没有长痘痘，还有比我大一岁的表哥也没有长，怎么偏偏我长了？

下课了，可南南根本没有玩的心情，同学叫他去操场他也不想去。其实，他是不敢出去。他偷偷拿出小镜子，看着镜子里那张像红豆粽子的脸，就觉得很泄气。

于是，下课了他就躲在教室里，对着小镜子数脸上不断冒出的青春痘。看着那些红红的青春痘，南南试着慢慢用手挤，居然挤出脓一样的东西，南南赶忙用卫生纸擦干净。再看看脸上挤过的地方，虽然皮肤看起来红红的，但痘痘已经消失不见了。也许，一会儿皮肤就会恢复了，南南心里想。他决定一颗一颗地把它们全部消灭掉，他的"祛痘之战"不知道什么时候才能结束。

处于青春期的男孩脸上会冒出青春痘，这是很正常的现象。从医学角度看，只有少部分人在青春期的时候不会长青春痘，大部分人在经历青春期的时候都会迎来不速之客——青春痘。可以想象，自己原本光滑的脸上开始出现青春痘，这对于每一个人来说都需要一个接受的过程。

对比较在意自己外表形象的男孩来说，青春痘的出现无疑会增加他的精神负担，甚至会使他出现自卑、抑郁的情绪。男孩需要正确看待自己在青春期的各种身体变化，包括脸上冒出青春痘。

也许你正在为青春痘而困扰，害怕被人取笑，甚至不敢出门玩，一个人躲在家里与痘痘"作战"。为了消灭那讨厌的痘痘，会用手去挤压即将冒出来的痘痘。要知道，长青春痘是青春期正常的生理现象，而用手挤压痘痘这样的祛痘方法是不可行的，这样不仅无法消灭青春痘，反而易因手上有细菌而造成皮肤感染，或者由于挤压的力道过大造成皮下瘀血，甚至留下更加明显的疤痕。每一颗青春痘的生命周期仅有短短的3~4天，时间到了它自然会消失，所以不必为此过多担心。

在青春期，男孩有办法打好"祛痘之战"。所谓"知己知彼，百战不殆"，只有详细了解了青春痘的成因，才能赢得"祛痘之战"的胜利。

Q1: 什么是青春痘?

男孩进入青春期后，由于生长激素以及性激素的大量分泌触动皮脂腺的分泌功能，身体内那些较多的油脂就会不断地涌向皮肤表面，有的会通过毛孔排泄出来，但有的却因毛孔堵塞而停留在皮肤里层。这些不能排出来的油脂，在不同的情况下，会发展成不同的形式，青春痘就是其中的一种形式。

青春痘最初会在额头上冒出来，然后是两颊，甚至还会出现在下颚。

Q2: 如何打好"祛痘之战"?

一般来说，男孩9～10岁的时候肾上腺开始分泌雄激素，性腺也会分泌大量雄激素，刺激皮脂腺细胞，使其分泌量增多，导致毛孔堵塞，引发青春痘。

调节雄激素的分泌确实可以起到控制痘痘生长的作用，但只能"调"，不能"断"，千万不要妄想通过让雄激素停止分泌以达到治痘的目的，这样对于男孩来说不利于身体发育。

其实，雄激素引发长痘的秘密是它能源源不断地产生油脂。因此，不必妄想去控制雄激素，做好"排油"工作一样可以重新找回阳光帅气的面孔。

为了保护肌肤少受青春痘的侵扰，一定要以正确的方法来应对这场"祛痘之战"。

① 适度清洁皮肤 >>

洗脸的时候，要以温水洗脸，每天洗脸最好不要超过3次。清除肌肤上分泌过多的油脂是消除青春痘十分重要的一步。彻底除去脸上的脏东西、老废角质，避免毛孔堵塞可减少青春痘的产生。

② 定期去角质 >>

可以在医生的建议下，选择一款温和的去角质洗面奶，定期去除堆积在毛孔的角质废物，以促进细胞新陈代谢，避免老废角质堆积、阻塞毛孔而滋生细菌，产生青春痘。

③ 使用合适的肌肤保养品 >>

使用一些含有控油、去角质、抗菌等功效的保养品，也能够帮助肌肤预防和对抗青春痘的产生。当然，这样的肌肤保养品要谨慎选择，可以在父母的陪伴下一同购买，或是遵从医生的建议选购。

④ 保证充足的睡眠，让生活更规律 >>

每天需要保证充足的睡眠，养成规律的生活习惯，不要熬夜，也不要有太多的心理压力。因为熬夜与压力容易造成生理时钟紊乱，导致激素分泌失调，从而导致青春痘形成。

⑤ 不要在强烈的阳光下久晒 >>

不要让你的肌肤经常暴露在强烈的阳光下，否则容易激发并活化位于基底层的黑色素细胞，从而使痘疤的色泽变深，延缓面部肌肤恢复的时间。

给男孩的话

为了打好这场"祛痘之战"，男孩还需要注意饮食，尽量不要吃油炸、辛辣以及坚果类食品，因为这类食品容易刺激青春痘产生。想缓解脸部青春痘的问题，多喝水，多吃新鲜蔬果，这样才会加速身体的新陈代谢，增强细胞排毒的能力。

易长痘痘

14岁的林奇上初二，这一学期是他感到非常郁闷的时期，因为他的脸上经常长痘痘。痘痘好了后，脸上有疤痕，特别让人烦恼。平时林奇不敢抬头看人，总是低着头和别人说话，放学回家就把自己关在房间里。他经常忍不住去摸脸，然后又去挤痘痘，总想着把痘痘挤掉、抠掉，皮肤就能变得平整。可越是这样做，他脸上的疤痕就越严重。

与林奇有同样烦恼的还有胡强等几个男孩，他们可谓"难兄难弟"，经常一起抱怨自己不走运。他们想知道为什么别人没痘痘，而自己却满脸痘痘。他们统计了一下，发现全班男生中有7人长了痘痘，而女生中只有2人长了痘痘，而班里的男生和女生数量相同，男生比女生更容易长痘痘，这究竟是为什么呢？

据统计，大部分青春期男孩和女孩都会长青春痘。青春痘是一种发生于毛囊、皮脂腺的慢性皮肤病，多出现于面部、颈部、前胸、后背等皮脂腺分泌旺盛的部位。对很多青春期的男孩女孩

来说，青春痘可谓"老朋友"了。而且男孩比女孩长痘痘的概率要大，这是为什么呢？

　　一是因为男孩的皮肤更加容易出油。男孩经常进行剧烈的户外活动，如踢足球、打篮球等，这就增加了肌肤出油的可能性，进而长出痘痘。

　　二是因为男孩皮肤的角质层相对而言比女生的厚，角质堆积到一定程度，就会堵塞毛孔，使皮肤表层的毒素或者污垢无法及时排出体外，越积越多，这样就增加了长痘痘的概率。

　　三是雄激素会影响皮脂腺的活动，使油脂分泌量增多，很可能会导致毛孔阻塞。而女孩不同，女孩来月经时卵巢会分泌较多量的黄体素，因此女孩身体的新陈代谢更为畅通，就不那么容易长青春痘了。

给男孩的话

　　男孩也要学会呵护自己的面部皮肤，保持讲卫生的生活习惯，适当地清洁皮肤。如果痘痘长出来了，也不必太担心，保持轻松的心态，选择清爽、控油、祛痘、温和的泡沫型洗面奶，坚持每天清洁面部皮肤，别让污垢在毛孔中停留。

视力可能会发生变化

一天，李力对妈妈说："我的同桌小杰原本有一双炯炯有神的大眼睛，可是现在它们却被厚厚的眼镜遮挡住了，我觉得没有原来有神。我很疑惑，本来好好的眼睛，怎么就近视了呢？以前他的视力很好呀！"妈妈说："那他的用眼方式一定有问题，你可千万不要学他。"

造成青春期男孩近视的原因有很多。除了看书离得太近、看书或写作业时光线太暗、用眼过度等原因之外，还有一些其他原因，比如说饮食不合理、睡眠不足或者食用大量甜食等，这些都可能造成青春期男孩近视。

如果男孩不想戴眼镜，就要注意保护眼睛。具体来看，应做到以下几点：

① 合理搭配饮食 >>

荤素要搭配，饮食要合理。不偏食、不挑食，保证各种营养成分全面均衡。多吃含胡萝卜素的食物可以预防近视，如胡萝卜、玉米、猪肝等。

另外，一般患有近视的人普遍缺乏铬和锌，可以多吃黄豆、杏仁等食物，因为这些食物中含锌和铬较多。

② 保证睡眠时间 >>

每天要保证8~9小时的睡眠，让眼睛得到充分休息。

③ 控制用眼时间 >>

注意看电视、电脑的时间不要超过一个小时，还要保持一定的距离。近距离用眼的时间不宜过长，每隔45~60分钟要休息10~15分钟。休息时应隔窗远眺或进行户外活动，使眼球调节肌得以充分放松。绿色对眼睛很有好处，可以多看看草坪或者树林。

④ 注意用眼卫生 >>

平时注意用眼卫生，不要用脏手揉眼睛，更不要把自己擦脸的毛巾和别人的混合使用，以免感染眼疾。

⑤ 积极锻炼身体 >>

积极参加体育活动，锻炼身体，增强体质。营养不良、体质虚弱的人很容易患近视。

给男孩的话

尽量不要在坐车、走路或者躺在床上时看书，因为这些不良的姿势很容易伤害眼球，导致近视。勤做眼保健操也是缓解眼疲劳、预防近视的好方法。

为什么有的男孩长得比我高

暑假过去了，同学们全都长高了，可奇奇却没有长高。

就是因为矮，无论是站队还是坐座位，奇奇总是位于前列。看着身后比自己高出一头的同学，他心里挺不是滋味的，常幻想自己有朝一日可以排在后面。

为了增高，奇奇不断地打听偏方，听说有一种口服液喝了可以增高，奇奇毫不犹豫地让妈妈买回家，结果喝完什么效果都没有。

奇奇又听说打篮球可以增高，于是鼓起勇气去球场打球。满场都是"巨人"，奇奇在他们中钻来钻去，还怕被他们撞倒。

坐在奇奇背后的男同学在起立时常与他比身高，然后用手在颈前比画，还不时地嘲笑奇奇，奇奇真的很难过。

当别的男孩在篮球架前自如发挥时，或许有的男孩在嫉妒或懊恼地想："为什么他们长得那么高大，而自己还像个小孩子一样矮小呢？"这种心态一直困扰着有些男孩，甚至让他们在别人面前抬不起头。其实，也许这些男孩并不一直比别人矮，只是他们的生长步调比较迟缓而已。就算真的没有其他人高，但只要你学习好、人品好、人缘好、能力强，那么身高又算得了什么呢？

其实，人的身体发育情况差异很大，而这多取决于遗传基因。问问父母，了解一下他们青春期的发育情况，再结合他们的身高体形综合分析一下，就可以对自己的身高是否正常有个大致的了解。如果父母都很高，那么你现在体格矮小往往是因为还没进入发育期。男孩进入青春期的年龄可能早到12岁，也可能晚至15岁，而通常结束于约20岁。有些十三四岁的男孩可能已有成人的外表，而有些男孩看起来却还像小孩，两种情况都很正常。

男孩进入青春期的时间因人而异，多与遗传有关。男孩如果有疑虑，可以做个完整的健康检查，排除身体的健康问题。

有的男孩可能认为吃增高药会有用。这种想法是错误的。不要盲目相信增高药，如果有用的话，世界上就不会有身材矮小的人了。一些人正是利用了男孩期望增高的心理骗取钱财，虽然广告介绍得煞有其事，但是大部分药品不但没有效果，反而可能会对身体产生副作用。

生活中高矮胖瘦的男性都有，即使他们不高大也不英俊，仍然可以散发吸引力。而是否能够表现出持久的吸引力，更多的要看个体的修养、人品和学识。

影响身高的因素有多种，体育锻炼是其中影响较大的一种。体育锻炼能加快机体内的代谢，从而加速骨骼组织生长，尤其是动力性练习，如纵跳、跳远、游泳等。你应该谨记的是，锻炼应该长期坚持，三天打鱼，两天晒网，往往达不到效果。

同时睡得好才能长得高，青春期是男孩身高增长的关键时期，这时期身高的增长主要受生长激素和性激素的影响。正常情况下，生长激素的分泌有其昼夜节律性，即白天分泌较少，睡眠后分泌增多。深度睡眠后，血液中生长激素的浓度会迅速增高。因此，保证充足的睡眠对长高很有利。

营养因素也是影响身高的重要因素。有针对性地补充营养，会让男孩身高增长幅度提升。合理的饮食搭配很重要。要多吃蛋白质含量丰富的食物，尤其是含有氨基酸的食物，如面粉、小麦胚芽、豆类、虾、蟹、牛肉、鸡肉、肝脏、猪肉、蛋、牛奶等。而甜点则应尽量少吃，可乐与果汁也少喝为妙，因为其中所含的糖分较多，会阻碍钙质的吸收，食用过多会影响骨骼的发育。至于抽烟、喝酒等不良习惯，一定不要沾染。

给男孩的话

　　牛奶含有丰富的蛋白质和能促进骨骼生长的钙，经常饮用有助于男孩的身体发育。

突然长高了

　　程旭的爸爸在程旭刚刚上小学二年级的时候买了一台冰箱。当时程旭还小，站在那台冰箱前要比冰箱矮很多。

　　程旭很不服气，心想："我怎么会没有冰箱高呢？没关系，妈妈说过，我会长大的，我要看看我到底能不能比冰箱高。"

　　为了看看自己的身高什么时候能超过冰箱，每过一段时间，程旭就会跟冰箱比一比。

　　上了初中以后，学习任务加重了，程旭有半年没有再注意自己的身高，结果等他再去比身高的时候，却惊讶地发现自己已经比冰箱高出了几厘米，这下子程旭高兴坏了。不过，他又有点疑惑："自己怎么会突然就长高了呢？"

其实，这一点也不奇怪，程旭之所以上了初中后开始迅速地长个子，是因为他进入了青春期。要知道，青春期可是一个人一生中生长发育的第二个高峰期。进入青春期后，孩子们的生长发育会加速，其中最为明显的表现就是身高快速增长。

有人做过统计，发现孩子们在青春期发育前平均每年只长高3～5厘米。而进入青春期后，他们的身高每年至少要长6～8厘米，有的甚至达到了10～11厘米。这是因为在这个时期，人的骨骼会迅速地生长。

不过，人与人之间身体发育的速度是不一致的，有着较大的个体差异。有的男孩在刚刚进入青春期的一两年里一下子就长高了十几厘米，但后期身高就几乎不再增长了。这就是早发育型。还有一些男孩都十四五岁了还没有太明显的身高变化，而到了青春期后期，他们的身高开始迅速地增长，甚至到了二十多岁还在长个子。这类人的身高增长持续的时间非常长，其结果就是他们的身高很可能会超过原来那些早发育的孩子。这就是晚发育型。

此外，随着身高的迅速增长，男孩的体重也会迅速增加。据统计，我国城市男孩的体重增加最快的时间集中在13～15岁这段时间内，平均每年增加5.5千克，等到15岁以后，男孩的体重就没有太大的变化了。而这种体重的增加主要是因为男孩骨骼变粗变长、肌肉变得发达、身体内脏增大。当然，也有那种营养摄入过多而导致体重大幅度增加的现象，但这种现象往往是不健康的，需要多加注意。

给男孩的话

　　钙、磷是骨骼的主要成分，所以，当男孩发现自己正在长高的时候，就需要多补充钙、磷等矿物质了，要多吃牛奶、虾皮、豆制品、排骨、海带、紫菜等食物。另外，要不时到户外晒太阳，增加紫外线照射的机会，以利于体内合成维生素D，促进身体对钙、磷的吸收，从而保证骨骼的健康成长。

03

第三章
男孩要学会调控情绪

遇事要冷静

正在上初一的家宁爱搞恶作剧，让别人出丑。同样，他也常被别人恶搞，成为别人眼中的笑话。就拿那天来说吧，他正在赶作业，同学大超走过来拍着他的背说："别太用功了，要劳逸结合，走，咱们出去玩一会儿。"

家宁正被作业弄得挺烦的，就想出去放松一下。可是，刚出教室门，他就发现很多人看他的眼神很怪，还对他指指点点的，他很纳闷。

突然，他反应过来了，一定是自己的背上"中招"了，这也是他经常对别人用的招数。果然，大超走过来把家宁后背上的纸条拿下来，家宁一看上面写着"我是笨蛋"。家宁生气地看着大超，大超故作无辜状，但是家宁肯定那是大超的"杰作"。在家宁的注视下，大超不但没有"投降"，反而嬉皮笑脸的，家宁警告他说："这是最后一次，下次再这样，我就揍你了。"

大超不服气地说："你揍我，你有那个胆儿吗？"

家宁说："不信你就试试！"

大超说："试试就试试……"说着把揭下来的纸条又贴在了家宁身上，家宁只觉得一团火往脑门上蹿，挥手重重一拳打在大超的鼻子上，顿时血就冒了出来……

结果当然很"悲惨"了，道歉、处罚、通知家长……

家宁事后冷静想了想，那其实就是一个玩笑，自己也经常这么恶搞别人，可是轮到自己头上怎么就那么不冷静呢？为什么现在的脾气越来越大了呢？

青春期男孩正在经历着身体和心理的巨大变化，伴随而来的是情绪的变化。原本温顺的男孩到了青春期也可能会变得暴躁，个别男孩甚至可能会专门和家长对着干……

偶尔出现强烈波动的情绪反应是青春期男孩的心理特点，而不是病。究其原因，一方面是体内激素的作用，青春期男孩雄激素分泌旺盛，特别是性激素，体内积蓄了大量的能量，容易因兴奋过度造成情绪失衡。另一方面，青春期男孩的神经系统还远未成熟，不能很好地控制和调节情绪，因此常常会有较大的情绪波动。还有很重要的一点是，成长过程中的心理矛盾常常使得他们左右为难。这种剧烈的情绪反应会随着年龄的增长，身体、生理逐渐发育成熟，以及学会恰当表达情绪而变得越来越少。

虽然说青春期男孩的这种情绪反应是这一成长阶段的特点，但是男孩不能任其发展，可以运用一些方法来加以调节，让自己的情绪尽快地回到理智、正常的轨道上来。

① 积极参加体育运动 >>

体育运动有助于消除心中的怒气，使大脑得到放松。比如，一场激烈的球赛后，你会发现，你的怒火伴随着你体力的消耗已经消失了。

② 遇事冷静三秒后再决定 >>

情绪冲动的人就像个火药桶，一点就着。不管是什么事情，都能让他们暴跳如雷。可是等事后冷静下来，他们就会觉得自己有些反应过激了，常常后悔不已。因此，在遇事的时候要先让自己冷静三秒，再决定怎么办。

③ 暂时离开你所在的场所 >>

当你无法消除自己的怒气时，尽快离开你所在的场所是一个避免情绪向更糟的方向发展的途径。你可以在事情过去后，再向对方解释或者道歉。

④ 找一个发泄的替代物 >>

情绪的积累不利于身体的健康成长，因此适当发泄也无不可，但是发泄的对象一定要找对，否则会给自己带来更大的麻烦。比如，找一个沙袋或是枕头，用力地捶打它，也许你就会好许多。

给男孩的话

　　每个人都是独一无二的，好的办法未必通用，当你有消极情绪时，可以找一些自己喜欢的、能够让自己冷静下来的办法。每当产生不好的情绪时，你都要尝试用恰当的方式去管理、控制情绪。慢慢地，你会发现在控制情绪方面，自己有了很大的进步。而情绪控制力的提高，正是你迈向成熟的一个标志。

学习压力大，情绪不稳怎么办

辛松刚上初三，学习成绩一般。紧张的学习生活让他感觉压力很大，他生怕自己任何一次模拟考试的成绩有所下降，所以时时处于紧张状态。

每次考试后，辛松的情绪都会变得很不稳定，有时会因为一点儿小事就跟同学发脾气。

升学的压力已经让辛松很烦闷了，更糟糕的是他觉得自从上了初三，不少原本友善、可爱的同学变得十分冷漠，特别是那些学习成绩比较好的同学。

以前，辛松向学习好的同学请教问题，同学会很热情地帮助他，但是上初三后，每当辛松向同学请教时，对方就会很不耐烦，有的同学会敷衍几句，有的同学干脆就说不知道。

辛松觉得许多同学都变得自私、斤斤计较了。他十分烦恼，心想："是不是上初三后，同学之间都在相互防备，害怕别人会超过自己？是不是同学们真的变得自私无情了？是不是同学之间的相互帮助已经不复存在了？"

辛松渐渐变得郁郁寡欢，有人跟他说话，他也会不耐烦地说："别理我，烦着呢！"

青春期的快乐和丰富多彩让很多大人羡慕不已。可是，在有的青春期的男孩看来，青春期并不快乐，或者说烦恼多于快乐。他对什么事情都觉得"烦透了"，可是你问他到底烦的是什么，他又未必说得清楚。有的时候，他的烦躁纯粹是一种莫名其妙的烦躁。

心理学上把这种烦躁称为"精神疲倦"，而导致青春期男孩精神疲倦的原因可以分为内因和外因。

外因就是青春期男孩面临的升学压力增大，每天忙于学习，总是在课堂、家里来回转，除了学习还是学习，空闲的时间减少，连节假日也被各种班占据，生活显得单调、重复、乏味，因此他在遇到问题的时候就容易烦躁。

内因是青春期男孩身心经历的巨大变化颠覆着他的认识和体验。这使得他对一些事情的看法发生了变化，导致了矛盾心理的产生，而他自己又觉得很迷茫，不知道如何来解决这样的问题。叛逆心理使得他不愿意向老师和家长倾诉，同龄男孩又都经历着同样的事情，在困惑得不到解决的情况下，他的内心就被这样或那样的问题困扰着，自然就会烦躁不已。

实际上，这并不是什么难以解决的问题，只要找到了烦躁产生的根源，就能对症下药。青春期男孩可以听听下面的几点建议。

① 了解青春期 >>

很多正处在青春期的男孩并不了解青春期意味着什么，以及自己的身心会发生哪些变化。因此，有必要先了解这一点，当知道自己的烦躁是什么导致的，男孩就会容易找到解决办法了。

② 明确目标 >>

青春期男孩的烦躁可能是因为不知道将来的路该怎么走，对未来很迷茫，所以明确生活的目标很重要。例如确定一个学习目标，把远大的目标和近期的任务结合起来，这样会使你感到学习有意义，就不容易产生厌烦感了。

③ 学会微笑 >>

学会微笑可以让别人愿意接近你，同时也能化解你的尴尬。保持和善和友好的态度，即使是假装微笑，只要坚持也具有同样的效果。密歇根大学心理学教授詹姆斯说过，常露笑容的人比不露笑容的人在经营、买卖、教育等方面的成就更高。青春期男孩在自己很烦闷的时候，可试着让自己面带微笑，这样，心情或许能渐渐地愉悦起来。

④ 接纳他人 >>

每个人都是不同的，要学会欣赏别人，也要学会接纳别人，这体现的是你宽广的胸怀，传递给别人的除了友善，还有肯定和美好，你也同样会赢得这些。青春期男孩不要对周围的人过分苛责，不要因为一点小事就否定一个人，更不要因为个别的现象就否定整个群体乃至整个世界。你付出一点儿美好，周围的世界就会多很多的美好。

⑤ 学会承受 >>

生活不会是一帆风顺的，你需要承受的东西很多，有些可能会让你喘不过气来。对青春期的男孩而言，目前遇到的问题不过是九牛一毛罢了，以后的人生中还有比这困难得多的问题需要去解决。学会承受，就是多给自己一次机会。人生的成功不是靠运气，而是要靠自己创造机会。

 **将心比心 >>**

青春期男孩要学会站在对方的立场上看问题，将心比心。上面案例中的辛松产生烦闷情绪的原因之一，就是他没有学会站在别人的角度看问题。中考的压力对每个人来说都是一样的，无论学习成绩好坏，大家都希望争分夺秒地学习，争取考上重点高中，所以难免会表现出不耐烦。

给男孩的话

青春期男孩要经常进行自我调节，不断认识自身的价值和生活的意义。除了从学习中寻找乐趣以外，还可以多参加一些课余活动和体育锻炼，使生活充实而丰富。

别让自己成为易燃的火药桶

　　小强是他所在小区出了名的乖孩子，深得大家的喜欢，可是自从上了初三后，他好像变了一个人，动不动就发火。一个周末，表妹来玩，不小心将他的吉他弦弄断了一根，这要是在以前，小强不但不会发火，还会安慰表妹别放在心上。可是这一次，尽管表妹一再地道歉，还保证把吉他修好，小强还是怒不可遏。表妹最后难过地说："我再也不想见到你了。"

　　小强不光很容易生气，而且也敢和父母顶嘴了。一天，妈妈就他的学习说了几句，没想到小强表现得很激动，大声嚷道："你就知道让我学习，在你眼里学习就是比我重要，你心里除了学习，哪里还有我这个儿子，我根本就不是你亲生的，学习不好以后考不上大学，我打工也不需要你管！"

　　妈妈没想到小强会有这么大的反应，而且说的话那么伤人，当时就愣在了那里，小强则像个得胜的将军似的回自己屋里了。

　　还有一次，爷爷无意中看到小强的作文，就说："作文可不

能马虎，平常要多练习、多读书，考试的时候才能写得好，作文分数占的比重可不小呢！"没想到小强一听，就大声喊起来："你们都觉得作文重要，可我就不觉得，它是占了40分，可是考试的时候我不做别的题就写作文，写得再好顶多不就40分吗？你又不是老师，要你多说！"小强的一席话把爷爷气得直瞪眼。

小强简直成了易燃的火药桶，一点就着，逮谁炸谁，弄得大家都躲着他走。为了不再引他发脾气，大家凡事只好顺着他，就这样，他还不时闹点小别扭，家里人也不知他到底是怎么了，怎么脾气越变越坏。其实，小强也不知道自己为什么变成了这样。

　　实际上，男孩在青春期的时候，心理上会有很多的变化，他会变得敏感、暴躁，任何的风吹草动他都可能联想到自己身上，并"积极"地反击。这原本是一种正常的反应，但是如果这种反应过于剧烈，男孩做不到有效调节和控制情绪，任由坏情绪肆虐，那将对性格和心态产生不利影响。

给男孩
的话

　　发怒是有害身体健康的，那青春期的男孩子是不是就应该把怒火压在心里呢？当然不是，压抑怒火同样对身体是有害的。最好的办法是不生气，如果生气了也别急着发火，应找一个适当的途径来宣泄。如：找知心好友倾诉；到室外打球、跑步、爬山、呼吸新鲜空气，让怒气与汗水一起释放出来；通过转移注意力的方式，或埋头工作，或欣赏音乐、戏曲等，让内心平静下来。

情绪起伏大怎么办

任强在读小学的时候，脾气比较温和。可进入初中以后，情绪的波动变得特别大。有时候，为了一件小事就会暴跳如雷，还摔东西，甚至与家长对着干；有时候，又会因为小小的成功而高兴得不得了。

面对情绪变化如此大的孩子，他的父母成天提心吊胆。他高兴时还好，可一旦他不高兴，他的父母就不知该如何面对他了。这个时候，他一般不和任何人说话，整天一个人待在自己的房间里生闷气。

前不久学校放暑假了，任强回到家里后特别高兴，和父母计划着这个暑假要怎样安排，并耐心地听取父母的意见。可是，到了第二天，他的情绪就突然变了，不知道是因为什么事情不高兴，他将房里的东西扔得满地都是。

父亲气不过，就狠狠地说了他一顿："你都14岁了，情绪不好就乱撒气，你以为你还是4岁的孩子呀！有什么问题，难道就不

可以说出来吗？我看暑假也别出去旅游了，快乐的气氛早晚会被你破坏掉！"

"不去就不去！哼！"任强摔门而出。

留在屋里的任强父母烦恼极了，他们真的不知道要如何教育任强才好。不管不问，随他去吧，怕孩子误入歧途，到时后悔就来不及了；严加管束吧，又怕激起孩子的逆反心理。总之，面对一个情绪如此多变的孩子，任强的父母真的是左右为难。

男孩在成长过程中，难免会遇到一些烦恼，产生情绪波动。其实，只要处理得法，是完全可以顺利地度过这一阶段的。

男孩需要明白的是，情绪波动大会严重影响与别人的感情交流。我们要学会做情绪的主人。

给男孩
的话

　　大多数人都有过受累于情绪的经历，似乎烦恼、压抑、失落甚至痛苦总是不时出现，于是他们频频抱怨生活对自己不公平，企盼某一天欢乐从此降临。其实喜、怒、哀、乐很常见，想让自己生活中不出现任何烦心之事几乎是不可能的，关键是如何有效地调整、控制自己的情绪，做情绪的主人，做生活的主人。

04

第四章
男孩要懂得有效沟通

主动与父母沟通

晓峰有记日记的习惯。以前他有个小日记本，后来觉得放在抽屉里不安全，万一被爸爸妈妈看到自己那些小秘密，麻烦就大了。因此晓峰买了个带锁的日记本，结果那个密码锁没用几次就坏了。如今，晓峰拥有了自己的电脑，他把秘密记到了电脑里。可有一天他发现自己的电子日记的浏览记录竟然是一个小时前，而那时自己根本没有在家！他气鼓鼓地问爸爸妈妈："你们为什么偷看我的日记？"谁知道爸爸妈妈更生气，他们说："怎么，我们看看你的日记怎么了？"

心事是每个人藏在心里不愿意告诉他人的秘密。随着年龄的增长，男孩的知识、情感、阅历都逐渐丰富起来，有自己的秘密和想法。然而，很多父母没有意识到孩子正在长大，忽略了孩子也会有自己的心事，总认为自己是孩子的父母，可以随意地进入孩子的世界，尽情地探查孩子的隐私（如拆信、监听、偷看日记）等，甚至粗暴干涉。

其实，把心事"锁"起来也并不是个好办法。因为男孩在学习和生活中会不时地遇到困难、挫折或不被人理解，问题和烦恼也就会随之而来。这时就需要及时与父母沟通，争取他们的理解、支持。与父母交谈可以让父母了解自己对家庭、学校、集体及人与人之间的关系的看法和态度，并对自己加以指导和帮助，这样可以少办错事，少走弯路，有什么不好的呢？那么，男孩应该怎样与父母交谈呢？

首先，要主动把自己的生活、学习、思想状况告诉父母，使父母随时都能了解自己，及时给自己指点、帮助，有时还可以避免父母对自己产生不必要的误解。

其次，要把事情的来龙去脉说清楚，以便让父母对事情有全面的了解，然后他们才能提出指导性意见。

再次，和父母说问题的时候要坦诚，讲真话，不隐瞒事实，不回避问题，不粉饰太平，这样才能使父母深入地了解自己，以便他们给出自己正确、切实的指导意见。

给男孩的话

没有融洽的气氛，谈话是很难进行下去的，甚至交谈双方还会发生冲突。因此和父母交谈时注意先营造轻松愉快的气氛，然后再谈事情，这样谈话更容易顺利进行。

不要因做家务与父母起争执

"我最讨厌做家务了！妈妈总让我扫地，倒垃圾，刷碗，整理房间……我都快被烦死了，家务活总是占用我的玩耍时间，真讨厌没完没了的家务活！"小正说。

去吧，皮卡丘！

　　有些男孩和上文中的小正一样，很讨厌做家务。可能是父母强塞给小正的任务让他很反感，小正认为父母完全不考虑他的感受，违背了他的意愿。于是他就开始耍小脾气，摆脸色，以发泄自己的不满，企图让父母收回让他做家务的命令。

　　其实，做家务是每一个人成长中必须经历的一件事情。父母让你做一些家务，是让你学习如何照顾自己，是在为你将来独立生活打基础。

　　父母知道你正在逐渐长大，你的未来需要你自己去奋斗、开拓，你需要学会各种本领来应对今后的突发状况。这些能力的培养是需要一个过程的，不是一朝一夕能够实现的，所以父母才会通过让你做家务锻炼你。因此，如果没空做家务，应让父母明白你很忙。如果有空做，你应该积极主动参与到家务劳动中，锻炼自己的生活技能。

给男孩的话

　　如果你一味地耍脾气，闹情绪，不仅会伤害父母的心，还会影响自己的情绪和能力的培养。你可以多与父母进行一些沟通，试着用自己的劳动换取相应的报酬，比如说用为家里打扫卫生换取与父母一起去看电影的机会，这样不是一举两得吗？

男孩的叛逆是渴望被理解

东东15岁了，是个学习很不错的小男孩，与老师的关系很好。可东东的妈妈却向老师抱怨说："孩子这段时间也不知怎么了，动不动就发脾气，摔东西，而且还常常与我作对，我让他向东，他偏向西。"

后来，老师找了一个合适的机会与东东谈心。老师问东东："最近老师看你情绪不好，是不是有什么心事呀？"

东东委屈地对老师说："老师，不知为什么，最近我的烦心事很多。尤其是爸爸妈妈把我当小男孩一样对待时，我就感觉特别烦。我已经是大男孩了，饿了我自己会去找东西吃，冷了我自己知道加衣服……如果父母认为我连这点小事都做不好，我就会故意与父母作对，我希望他们能从我的行为中读懂我的意思，理解我，尊重我……"

在生活中，我们时常会听到许多父母这样抱怨："孩子大了就是不好管，太不听话了，还动不动就发脾气，真是愁人。"其实，很多时候孩子并不是故意与父母作对，在这些行为背后隐藏着他渴望被理解、被尊重的深层原因。

男孩到了青春期后，心理上的"脱胎换骨"就开始了，自我意识开始觉醒，独立意识增强，他处处想显示自己的成熟，不希望父母对自己再像小时候那样耳提面命，而希望能与父母平等对话。如果父母不能认识到这一点，便会令他气愤和反感，为了表达他的不满，他就易跟父母对着干，甚至对父母善意的帮助和合理的要求也拒不买账。他的目的就是要父母注意到他的能力和成熟。有些男孩虽然表面上不"刺眼"、不"扎人"，但仔细观察一下就会发现，他们很多时候口是心非，其实这反映了他们心底对大人的抵触和不满。

青春期的男孩将经历一个情绪、情感突变期。这时候如果父母不理解他，不尊重他，男孩就会发脾气，与父母对着干。其实，男孩很期待父母的改变。

逆反心理是男孩成长过程中的正常现象。对于比较独立的男孩而言，他会表现出更明显的逆反心理。这样的男孩比较有主见，相信自己的能力，认为自己的观点、行为都是正确的。因此他会经常抱着一种怀疑的态度去看待别人的观点，一旦他认为自己是正确的，那么很多人都无法改变他的想法，正所谓"九头牛也拉不回来"。

给男孩的话

　　与其与父母对着干，等待他们反思并理解自己，不如直接告诉他们自己需要被理解。

妈妈别说了，我不想听

最近，小楠开始抱怨："妈妈总是唠唠叨叨的，一件事会说好几遍。就像上次，我拿着一本课外书正看得入迷，妈妈却让我写作业，当时我向妈妈保证十分钟后就去写作业，可她不到五分钟就来催了我两次，还不停地数落我，我都快被她烦死了。"

亲爱的青春期男孩，有时父母的唠叨其实是爱你的一种表现。

正因为父母是爱你的，所以他们对你总是充满了不放心，他们害怕你犯错误，担心你走歪路，他们期望你能一帆风顺。他们会不由自主地一次次唠叨，他们错误地认为一次不听，就说两次；两次不听，就说三次……只要自己多说几次，你总会听进去的，因而忽略了你的"心声"。

因此，你要学会换个角度去思考，父母是为你好才唠叨，你要尊重他们，理解他们，做他们忠实的听众，把这种唠叨看作关爱的一种表现。

你要学会与父母沟通，让父母体会到有些事情你心中有数，你可以自己应对；而当你有困难时，就会去求助他们。让他们更了解你，在你的背后支持你。

给男孩
的话

父母是你人生旅途上最坚实的后盾，也是这个世界上最关心你、爱护你的人。他们有着丰富的人生阅历和对问题的分析能力、解决能力。所以他们是你最值得信赖的人，当你有任何困难需要帮助的时候，他们都会义无反顾地为你承担。

05

第五章
男孩要正确对待感情

有了喜欢的人怎么办

今天，丁辉上学快走到校门口的时候正低着头想事，完全没有看见侧面走过来一个女孩子，于是丁辉一下将她的一叠书撞到了地上。丁辉慌忙蹲下去帮忙捡书，嘴里直道歉说："对不起，对不起……"

"没关系。"丁辉耳边传来一个悦耳的声音。丁辉把书本整理好了，抬头看见一张美丽的脸，他的心跳仿佛停了一拍。女孩接过书，露出笑容说道："谢谢你啊，我是高一（2）班的尹薇，你呢？"

丁辉显得很不好意思，答道："我是高一（1）班的，我叫丁辉。"两人说笑着一起进了校门。

到了教室的丁辉还沉浸在刚才的喜悦之中，那张美丽的脸总是浮现在自己的脑海里，不断地向自己微笑，丁辉心里满是甜蜜。

这时候坤坤来到了丁辉身边，在他耳边说："丁辉，你知道吗？听说高一（2）班新转来一个女孩，好漂亮的，刚才整个年级的人都在看她呢，走，我们也去看看。"原本想拒绝的丁辉硬是被坤坤拖着出了教室。

　　两人来到隔壁班的门口，正看见尹薇站在讲台上同下面的同学说话。坤坤指着尹薇向丁辉说："就是她，看见没有，漂亮吧？"丁辉发现，原来她就是自己早上碰见的女生，他心里既高兴又惊喜。

后来，丁辉每次下课去卫生间，经过高一（2）班教室的时候，总会向里面瞟上几眼；在做课间操的时候，他的视线也会不由自主地看向高一（2）班的方向；下午放学的时候，丁辉也会故意磨磨蹭蹭地收拾书包，等着和尹薇道一声再见。

就这样过了几个星期，丁辉觉得自己脑海中满是尹薇的身影，有时候晚上做梦还会梦见她。有段时间，丁辉一直都没有看见尹薇，他向高一（2）班的同学打听才知道原来尹薇生病了。丁辉心里很是着急，那段时间心情很郁闷，脾气也很大，晚上还失眠。丁辉心里想：可能我真的喜欢上尹薇了，怎么办呢？

男孩步入青春期后，容易产生一种青春的悸动，会开始关注

异性，也会有自己心仪的异性。在面对自己所喜欢的女孩时，他会显得口拙，但心里却有一种满足感。他恨不得每天都能见到对方，打听关于对方的消息，包括她所喜欢的电影、书籍、活动，而自己也会故意制造一些邂逅，只为了跟她说上一句话。其实，男孩在青春期有自己喜欢的女孩，这是很正常的。但是男孩要想一想自己喜欢对方哪一方面。是漂亮的外表还是甜美的笑容？是活泼的个性还是善良的心灵？是优雅的举止还是优异的成绩？如果仅仅是因为对方的外表而喜欢她，那说明这样的喜欢只是一种好感，而不是真正的喜欢。

青春期的男孩对异性的喜欢是正常的，但是这样的喜欢需要克制，因为这个时期的男孩女孩都在不断地成长、蜕变，还有更美好的前途等着大家，这个时期是不适合谈恋爱的，那样只会影响学习。

给男孩的话

有时候你可能无法克制自己的感情，那么不妨换一种方式，大方自然地和她相处，与她成为朋友。在学习上互相帮助，在生活上互相关心，甚至可以带着她和父母一起吃顿饭，让父母理解男孩和女孩之间的友谊。

不要过早采摘爱情这枚果子

一个男孩在日记本里写下了这样一段文字：

> 我想我喜欢上了云，课上我的目光经常不受控制地望向她，看她在做什么，有没有听课，和谁讲话。
>
> 平时看到她跟异性说笑我会吃醋，会不高兴。放学回家后我会想这个时候她在干什么呢。晚上常常失眠，我的脑海里全是她，她的一颦一笑、她的举手投足都深深地印在我的脑中。

事实上，对于正处于青春期的男孩来说，有喜欢的人是很正常的。这个年纪的男孩正是情窦初开之时，随着生理的日益成熟及性意识的萌发，男孩会对异性产生好感和爱慕，希望与有好感的异性接近、相互了解、交朋友，这是非常正常的心理现象。

当男孩陷入感情的旋涡时，会容易产生矛盾心理，甚至每天都感觉备受煎熬。一方面男孩怕喜欢异性会影响学习，另一方面又渴望与她有更多的接触，甚至与心仪的她产生恋情。

有位作家说过，暗恋是一朵带刺的玫瑰，我们常常被它的芬芳所吸引。然而，一旦情不自禁地触摸它，又常常被无情地刺伤。

一个男孩在日记本上记录下了这样的感受：

> 暗恋一个人真的很难受，每天远远地看着她，却不能近距离接近她；看着她对别的男生笑，我心里很不开心，手里的拳头握得很紧，恨不得冲上去把那些男生推开。经过一段时间的煎熬后，我决定勇敢地向她表白，让她只对我一个人笑。
>
> 可在走上去之前，我忽然怔住了，我心想：她是我最好的选择吗，我的未来在哪里？认真想了想后，我的答案是：我不想一辈子待在这个小地方，我想奔向更美好的远方。
>
> 当我对未来有了一个清晰的规划时，我猛然惊醒了，我不能现在就谈恋爱，我的任务是好好学习。于是我决定了，不去向她表白。

一个挥剑斩情丝的男孩曾这样说："知道恋爱的终点是什么吗？是婚姻。而走进婚姻，就不得不考虑未来，比如说考虑以后在哪个地方生活，从事什么样的职业。现在的男孩女孩还在求学阶段，发展恋情是不是早了些？过早发展恋情，往往很容易阻碍理想的实现，这样做值得吗？"

有个男孩在日记本上写下了这样一段话：

在决定与她在一起之后，我告诉自己，一定要做到双赢，做到恋爱、学习两不误。但我发现要真正做到这点真的很难。一天24小时，大部分时间我都在想她，看见她还好，看不见的时候就会胡思乱想，心里发慌。上课的时候总是精神恍惚，听不进老师讲的东西，课后也没心思认真写作业，因为想她，半个小时也看不了一页书。结果，我想象中的双赢根本就没实现，恋爱谈得马马虎虎，成天患得患失的，学习成绩也下降了一大截。

的确，要做到恋爱学习两不误几乎是不可能的，恋爱的时候常常要把心分一些在对方身上，这样就不能一门心思搞学习，学习成绩怎能不受影响呢？如果喜欢她，默默地把心中这份"喜欢"收藏在我的青春日记中就足够了。

一个中年男性，曾写下了这样一件让他后悔的事：

我念初中的时候喜欢上了班上一个学习特别好的女生，为了能够和她在一起，我向她发起了猛烈的攻势，也许经不住我糖衣炮弹般的轰炸，她答应和我在一起。我们俩刚在一起的时候非常快乐，上课时眉目传情，互递纸条；课下经常约会，用尽所有的时间腻在一起。可因为谈恋爱，她的学习成绩急转直下，中考没考上重点高中，高考又与大学失之交臂。

我们最终没有在一起，我考上大学后离开了家乡，而她过了几年就结婚了，听说现在过得并不如意。

我很后悔，我爱她，却害了她。如果不和我谈恋爱，她一定能考上好大学，过上好日子。

所以青春期的男孩不要过早采摘爱情这枚果子。最明智的办法是学会克制，将圣洁的情感埋在心底，等到将来合适的时机再让它开花结果。

给男孩的话

　　青春期男孩的心理发育还未成熟，过早地采摘爱情这枚果子往往会造成不好的结果。遇到这类困扰时，可以向父母倾诉，向他们求助，寻求建议。

甜蜜而忧愁的单相思

小明这样对朋友说："不知道从什么时候开始，我喜欢上了邻班的一个女孩，但刚开始的时候我连她的名字都不知道。

"她很爱笑，眼睛笑起来好像弯弯的月亮。就这样，我被她吸引住了。从见到她的第一眼开始，我就对她有着一种朦胧的好感。

"但我从来没想过表白，因为我有些腼腆，长得不帅，个头也不高，更不擅长表达，因此我一直把这份感觉深深地埋藏在心里。但我对这个女孩确实非常在意，总是喜欢从别人那里打听她的事情，喜欢从背后默默地注视着她，喜欢听别人谈论她，关于她的所有事我都铭记于心。

"每次跟她搭话，我都莫名地兴奋，这种兴奋会持续好几天。但见面除了简单的问候，我也没别的话说。不是没话说，而是有很多话我不知该如何说起，这种暗恋给我带来了莫大的压力，让我在她面前失去了自己。

"后来我的学习压力变大了，自习课和体育课都被取消了，

接踵而来的是作业和考试，见她的机会也少了。一周难得见到她几次。每次见到她，埋藏在内心的那份情感就会增加一分。快中考了，我的学习压力很大，如果考不上好高中，怎么对得起父母呢？我不得不埋头苦读，但是晚上偶尔会梦见她，这常常会让我在之后的几天之内都睡不好……但我想，她的成绩好，如果我不好好学习，我们可能就不会在一个高中了，无形中这也成了我学习的动力。

"通过努力，中考我考出了优异的成绩，也如愿上了县城里最好的高中，但出人意料的是，她发挥失常，没有考进这所高中。她转学走了，从此我再也没有见过她。现在回想起来，当时的那种单恋多么美好，也是我学习的动力。我想，如果没有这种动力的话，我考进重点高中很难。我庆幸自己当时没有向她表白。"

单相思是进入青春期的男孩易产生的情感，它是一种纯洁、高尚的情感，是一种对美好的向往，是人之常情。一般情况下，青春期男孩都很容易陷入单相思。

单相思作为青春期男孩会产生的正常的情感，有些时候也会成为男孩学习的动力。由于受幻想的鼓舞，男孩的面貌往往会焕然一新：学习更加努力，信心日渐充足，讲究穿着打扮，注意言谈举止，刻意扬长避短，在各种活动中也会活跃起来。

然而，很多男孩常常把单相思的对象理想化，在幻想中不断美化对方，不断编织情节来满足自己的心理期待。大多数情况下，男孩能够及时摆脱这种情感的束缚。但如果处理不好，也可能陷入极其难堪、苦闷和烦恼的境地。长期陷入单相思不能自拔，必然会导致精神恍惚、注意力不集中，不仅影响学业，而且影响身心健康。

一旦发现自己陷入这种情感中，男孩应该尽快摆脱自己编织的虚幻的情网。牢牢地握住自己感情的舵，尽可能减少或避免与对方的接触。

当男孩因单相思感到困惑甚至痛苦时，可以向好朋友或父母倾诉心声，听听他们的看法、劝慰。把肚里的话倒出来，常常会让男孩一吐闷气，心情平静下来。但应该注意，不要逢人便讲自己的痛苦，这样可能会给自己惹来麻烦，增加烦恼。

给男孩的话

　　当你陷入单相思的时候，为了转移注意力，可以看电影，旅游，使自己的注意力由对方转移到自己的身上来。要学会合理地宣泄，不要把痛苦埋在心底。不要让自己过于压抑，以免使自己长期陷入苦闷和烦恼中，从而影响身心健康。

收到情书怎么办

男孩收到女孩的情书，不用为此感到羞耻或者不好意思，更不必为此有过重的心理负担。

青春期男孩女孩易对异性产生一种朦胧的好感。这种好感可能来自于对方某方面的优点，比如动听的声音、温柔或勇敢的性格等。异性相吸是正常的现象，尤其对于正处于青春期的男孩女孩来说，对异性有好感是正常的事情。

当男孩收到情书时，不妨写一封回信表达自己的想法，向对方说明现在不是谈恋爱的时候，应该将主要精力投入到学习、参加各种活动、做更加有意义的事情中。可以这样写："感谢你对我的认可，你是一个活泼开朗的好姑娘，我也希望和你永远是好朋友。不过，我们现在还小，还不懂得真正的爱情，我们现在的主要任务是搞好学习，是培养和锻炼自己各方面的能力和素质，你觉得呢？让我们一起为了考一个更好的高中（或大学）、为了更美好的前程而努力吧！相信到那时，我们会收获更多的

幸福。"

　　然后，继续正常地和写情书给你的女孩来往，不要刻意地对她好，也不要刻意地躲避她。同时，要以同样的态度和其他的同学交往，多参加各种集体活动。随着你们学习生活的日渐丰富，你们的注意力就不会在感情上，你们将把精力投入到更加有意义的事情中去。

给男孩的话

　　对于女孩送情书一事，男孩只要处理得好，在不伤害对方的前提下巧妙地拒绝，就能将这种异性间美好的情感转化为努力学习、努力奋斗的精神动力，就会让这种美好的经历成为人生珍贵的回忆。

走出早恋"泥沼"

　　铭铭今年16岁，上高一。学校放寒假前铭铭的父母接到班主任的通知，得知他的成绩下滑得很厉害。铭铭的父母经过细心的观察，终于把铭铭成绩下滑的原因找出来了，原来铭铭与同班的一个女生谈起了恋爱。

　　开始时，铭铭父母对他进行了教育，告诉他早恋的种种害处，可是铭铭嘴上答应着，实际上还和那个女孩继续来往。后来他们俩甚至还一起逃课。

　　铭铭的父亲得知后严厉地批评了他，还给女孩的父母打了电话，让他们一起管束两个孩子。

　　令铭铭父母惊讶的是，面对家长的批评，铭铭不但不知错还怒不可遏，他冲父母吼道："恋爱自由，这是我个人的事，与你们无关！"为了不让儿子和那位女同学过多接触，这学期铭铭父母给铭铭调了班，心想铭铭迟早会明白父母的一番苦心。

　　谁知铭铭却一直以沉默的方式和父母对抗。

当父母询问他为什么这么做时，他却说这些都是他们逼的。面对陷入早恋"泥沼"的儿子，铭铭的父母不知道该怎么办。

进入青春期的男孩会对异性产生兴趣。处于青春期的男孩好奇心强，逆反心理重。如果家长对于他与异性交往过于敏感，甚至强力干涉和压制，易引起男孩强烈的逆反心理。然而处于这一阶段的男孩的三观并未完全形成，对于青春期伴随而来的生理上、心理上的冲动，控制能力还很弱，一旦和异性之间有爱慕之情，往往难以克制自己的情感，常常会陷入早恋的"泥沼"。

青春期的男孩怎样才能走出早恋"泥沼"呢？

① 认识早恋的危害 >>

从生理发育方面来说，青春期男孩虽然身高增长了，性意识萌发，性别差异开始变得明显，但是生理发育并未成熟。具体而言，青春期男孩的骨骼尚在发育，体貌形态在变化，性器官也处于发育阶段，过早恋爱对身体发育没有好处。

此外，这一时期的爱情是理想化的，经不起生活实践的考验，因此它是很难有结果的。

青春对于每个人来说都很宝贵，流逝的时光与年华，不会再来。青春期的男孩精力充沛，记忆力和理解力强，可以快速接受新事物。这一时期正是学知识、长技能的黄金期，在这样宝贵的时光里如果能分秒必争，刻苦学习，努力培养自己各方面的技能，那么就会有光明的前途。相反，如果在这宝贵的时光里放弃自我调控而陷入早恋的"泥沼"，可能会荒废学业，耽误自己的前程。

② 拓宽视野，转移注意力 >>

男孩应积极参加对身心健康有益的活动，以转移注意力。校内丰富多彩的集体活动，校外的旅游、交友、公益劳动等，既可以锻炼身体，又可以益智、养性。同时，男孩可以根据自身兴趣，发展个人爱好，如集邮、读世界名著、练习写作等，使课余的时间充满情趣，充满快乐。

给男孩的话

要多参加集体活动，扩大交际圈，用平和的心态与异性相处。

06

第六章
男孩要提高交往能力

克服与异性交往时的害羞心理

明宇平时和男同学在一起十分活泼，显得很外向开朗，可是一看到女同学，尤其是和女同学说话的时候，那简直像是换了个人，变得规规矩矩，而且说话低声细语，有时甚至语无伦次，脸也会涨得通红。

一次放学回家，明宇和几个男同学结伴同行，大家边走边激烈地争论着一场足球赛，声音很大。这时，他们班的一个女同学从他旁边走过，跟他打了声招呼，没想到明宇一下子愣在那儿，一言不发，脸红到了耳朵根儿。其他的男同学看着这一幕，起初是觉得好笑，后来大家就开起了他俩的玩笑。一位同学说："哟，明宇，脸还红了，不会对人家有意思吧？"弄得明宇很是尴尬。

从那次以后，原本看见女孩就脸红的明宇更没办法自如地面对女同学了，他不知道自己这是怎么了，又不好意思向别人倾诉，只好闷在心里。

　　青春期男孩看见女孩就脸红既不是病，也不是心理问题，更不是道德问题，而是一种正常的生理和心理反应。性心理的成熟导致男孩对女孩产生很大的好奇心，促使他们想要了解女孩，但却又很害羞。这样，男孩跟女孩接触的时候，就会像条件反射一样，出现一些生理或心理反应。

　　青春期男孩在和异性交往时往往存在这样几种心理：喜欢对

方却会故意疏远或者不理睬对方；对对方很好奇，表现出来的却是对对方的排斥；内心渴望和对方交往，却显得很害羞；表达对对方的好感不是通过关心对方，而是通过故意气或者欺负对方……

那么，青春期男孩看见女孩就脸红，进而给自己带来心理压力和困扰这个问题，应该如何解决呢？

① 多和异性交往 >>

害怕某件事，最好的解决办法不是逃避，而是迎难而上。因为逃避虽然可以暂时不用面对问题，但是问题也无法得到解决。而迎难而上，真正战胜了内心的害怕，问题才会真正得到解决。如果害怕和异性交往，那就多和异性交往，增强自身的"免疫力"，等习惯和异性交往后，害羞的情况就会越来越少。

② 淡化性别意识 >>

可以试着淡化性别意识，想象一下自己平时和男同学是怎么交往的，试着用同样的方式和女同学交往。但是交往要有度，要注意礼貌，不要侵犯别人的隐私，不要让别人感到不适。

③ 多参加有异性参与的集体活动 >>

参加有异性参与的集体活动可以很好地消除对集体中的异性的陌生感。多参加一些有异性参与的集体活动，例如郊游、野炊等，增进对异性的了解，增加与异性交往的经验，这样就可以克服在与异性交往时出现的害羞心理。

　　其实男孩女孩在一起交流有很多好处，比如可以取长补短。男孩女孩除了生理的差异以外，思维方式上也有不同，一般来说男生更擅长逻辑思维，女生更擅长形象思维，两者在一起交流可以互相促进。

认真听别人讲话

一次，陈晨来找天易玩。他们俩在天易的房间里聊天，天易妈妈在客厅里看电视。

天易的房门没有关，天易妈妈能清楚地看到他们的一举一动，清楚地听到他们的对话。

那些天，天易因为打球扭伤了脚，没去上体育课。陈晨跟天易谈到了前一天体育课上发生的事情。

 天易，咱们体育老师昨天上体育课时竟然体罚我们班的路彬彬。

哦，是吗？体育老师为什么体罚他？

 唉，还不是体育老师看到彬彬没有按要求做动作就批评彬彬，而彬彬不听，所以老师就罚他绕着操场跑两圈。

哦，是这样啊。

虽然彬彬不应该和老师对着干，但是我觉得那天体育老师也有做得不对的地方……

　　陈晨自顾自地讲着体育老师的种种做法，而这时天易拿起了书桌上的一本书，漫不经心地翻起来，一边不住地咳嗽了几声，似乎不想听陈晨的讲述。

虽然彬彬不应该和老师对着干，但是我觉得那天体育老师也有做得不对的地方……

　　这时，陈晨突然说了一句："唉，你听到我讲的话了吗？怎么没有反应啊？"

　　天易一脸的不耐烦，并没有理会陈晨。

　　"唉，算了，你好像不爱听我说话，我还是不说了吧。你忙吧，我走了。"天易妈妈看到陈晨开始往外走。

　　陈晨走后，天易妈妈对天易说："今天陈晨跟你讲话，你为什么不认真听呢？"

　　"我不爱听他说的那些事。"天易回答说。

　　"哦。不过我觉得，你即使不喜欢听他说的话，也不能拒人于千里之外，这样对人是不礼貌的。如果你不同意他的话，就委婉地给他指出来。如果你实在不想听他说的那个话题，不妨就找个时机巧妙地换个话题。别人讲话的时候你不认真听，是对别人的不尊重。"

　　"我知道了，妈妈，我以后会注意的。"天易说。

给男孩的话

　　与人交谈时，学会倾听非常重要。男孩要赢得好人缘，处理好人际关系，就要学会倾听，做一个好听众。在听人说话时，你要专注而认真地倾听，要不时用语言、表情、动作等给予对方回应，这样会让对方感到被尊重。

　　与人交谈时，不要粗暴地打断对方，不要在对方讲话的时候做一些无关的小动作。即使你有不同意见，也要等对方说完后再委婉地发表自己的意见，而不要中途打断别人或表现出不耐烦的态度。

要守信用

一个周六的下午，天易在家看电视，正巧电视上在转播国际足球赛，这让喜欢足球的天易特别兴奋。

足球赛刚开始播，天易就对妈妈说："妈妈，现在播球赛呢，我今天下午什么事情都不干了，你不要来打扰我啊。"

听了天易的话，天易妈妈笑了笑走开了。

天易整个下午都坐在那里紧盯着电视屏幕，一旦进球他就会疯狂地边喊边舞。到了快吃晚饭的时间，足球赛才播完，天易很快乐地说："哇，好爽啊！"

吃晚饭时，天易的几个朋友都纷纷打来电话，而天易则一直在电话这头嬉笑着给对方道歉。

天易妈妈纳闷地想："这是怎么回事？天易做什么对不起他们的事了？"

原来，天易和他的三个朋友约好当天下午出去打球，陈晨、臧明朗、柯晓磊三个人都到了，而天易却爽约了。

陈晨他们三个人左等右等，都没有等到天易，他们甚至怀疑天易是不是在路上出了什么事。

他们三个人也没有了打球的心情，不停地给天易打电话，可是直到晚上才打通。

了解了这件事后，天易妈妈批评了天易。

 人家都说一诺千金，既然你和同学约好了去打球，那就应该守信用啊，你的做法让他们多不高兴啊。

一诺千金真的那么重要吗？不就是打一场球吗？我更愿意在家看球呢。

你怎么能这么说呢？如果你以后经常答应了别人，最后却没有做到，人家会怎么看你？

我也没有经常这样啊，不就是这一次吗？

如果是不了解你的人，一次爽约可能就会让对方永远不再信任你，这样会毁了你的信誉。今天下午的事情，我觉得你应该事先给他们打个电话说一声。

没事，我这几个哥们儿不会计较这些的。

即使对方是你的好兄弟你也不能爽约呀。你今天下午没打招呼就不去，他们心里肯定会不痛快。你在这件事上没有考虑他们的感受，是你的不对。

好的，我知道了，妈妈，我以后不会再这样了。

下不为例啊！

与人交往要守信用，这样别人才愿意放心地与你相处和合作。男孩要明白诚信的重要，这会为自己今后的人生积累宝贵的财富。

不管在与同学、朋友的交往中，还是与老师、父母及其他人的相处中，男孩都要做到信守承诺，答应别人的事情一定要做到。

给男孩
的话

　　如果自己事先不确定能否做到别人要求的事情，就不要轻易答应对方。如果尽了最大的努力也没有做到答应别人的事情，事后要真诚地向对方道歉，并认真地说明没有做到的原因。

真诚待人

庞老师是一名英语老师，也是一位年轻的班主任。庞老师班的英语科代表名叫杨辉耀，是一个男孩。杨辉耀的英语特别好——这是庞老师选他为科代表的重要原因，但是杨辉耀在班里却不是一个受欢迎的人。下面这件事就说明了这一点。

一天早上，杨辉耀到庞老师办公室拿作业本的时候，庞老师让杨辉耀告诉全班同学，后天要进行一次单元测验。为了使自己能在单元测验中得高分，杨辉耀当时没有将庞老师的话转告班里的同学，而他自己那两天一直在专心地温习英语。

直到测验的前一天下午放学时，杨辉耀才告诉班里的同学第二天要进行英语单元测验，这一消息让班里的同学措手不及。

第二天，当庞老师拿着试卷来到班里，宣布单元测验开始时，一个同学埋怨庞老师说："庞老师，您给我们的准备时间太短了，只有一晚的复习时间。"有的同学还埋怨庞老师这就是搞"突然袭击"。

庞老师感到很奇怪，说："我明明给了你们两天的时间复习啊，怎么会只有一晚上呢？"后来，庞老师才知道科代表昨天放学时才告诉同学们这个消息。庞老师很纳闷，目光转向杨辉耀，而杨辉耀则羞愧地低下了头。过了一小会儿，杨辉耀站起来，红着脸说："对不起，老师，前天我忘了告诉他们。"

庞老师对杨辉耀这句辩解的话有些怀疑，因为他知道杨辉耀不是一个容易忘事的孩子。但庞老师没有当众责怪杨辉耀，只是对他说："好的，我知道了，以后注意点。"

其实，班里的很多同学都认为杨辉耀是故意不告诉他们消息的。杨辉耀英语成绩好，别人向他请教英语难题，他常说不会。

杨辉耀刚坐下，班里有个同学就站起来直言不讳地说："他不可能忘记告诉我们，他是故意的，他是怕我们复习好了，成绩超过他吧。"还有几个同学也附和着这位同学的话。

杨辉耀被同学们数落得无地自容，他把自己的头埋得很低。庞老师急忙安抚大家说："好了，好了，大家不要再讨论了。"

"老师，不仅是这次测验的事，还有很多情况您不了解。我们要求换掉杨辉耀这个英语科代表。"一个同学说。

庞老师这才知道他选的科代表在班里这么不受欢迎。

这次单元测验最后如期进行，不过，庞老师开始思考要不要撤换掉杨辉耀这个科代表。

　　不久，庞老师找杨辉耀谈了一次话，并最终撤销了他的科代表职务。很显然，杨辉耀待人不真诚，只顾自己的利益，为了达到自己的目的，他甚至对同学们隐瞒真实的消息，结果自己成了同学们声讨的对象。

　　可见，如果你待人不真诚，就不会得到别人的信任和喜欢。真诚待人才能赢得别人的心。

　　真诚，是让你获得友谊的非常重要的品质。你真诚对待别人，别人才会真诚对待你。

青春期男孩要想获得好人缘，要想赢得朋友的心，就要以真诚的态度对待别人。

给男孩的话

真诚待人就是与人交往的态度要真实诚恳，要真心实意地关心别人，了解他们的需求、感受、想法和利益，不要为了满足自己的利益而损害别人的利益。

07

第七章
男孩要保护好自己

防人之心不可无

一天下午，孙晓正独自在家中写作业，突然有人敲门，孙晓透过防盗门，看见一位年轻人站在门口。那人说他来隔壁找朋友，但朋友家没人，想借纸和笔给朋友写个字条。

见那人说话很诚恳，长相也不像坏人，加上他找的那位邻居对自己一向很好，孙晓觉得自己应该帮忙。于是孙晓就打开了门，让他进来写字条。

谁料想，防盗门刚一打开，那人便顺势挤进了屋，并砰的一声把门锁上了。

还没等孙晓反应过来，那人就用绳子反绑住他的双手，翻出孙晓家里的钱物，然后"满载"而去。

其实这个坏蛋早就来踩过点，他发现假期孙晓经常一个人在家写作业，所以编造写留字条的理由诱骗孙晓开门，至于孙晓的邻居是谁，现在有没有人，坏蛋根本不知道，因为他并没有敲过那家的门。

现实生活中，这样的事情可以说是数不胜数。例如：有的男孩帮陌生人指路，结果被人贩子拐走；有的男孩帮陌生人取款，结果被犯罪分子利用，因为那卡是犯罪分子盗窃或抢来的，找人帮忙是因为想躲避银行柜台内的摄像头。

男孩的内心是纯洁和善良的，犯罪分子正是抓住了男孩的这种特点，以求助方式唤起男孩助人的热情而使男孩掉以轻心，从而不知不觉地上当受骗。

坏人是没有标志的，他们和常人一样。所以，在不知对方底细的情况下，男孩心里还是要多一些防范意识。尤其是对陌生人，一定要多留个心眼，遇到陌生人前来搭讪、套近乎、问路、敲门，要多加警惕，慎重一些。

给男孩的话

　　我们生活的世界是美好的，但并不意味着没有任何危险。对陌生人要多留个心眼，提高防范意识，别让对方有机可乘。

遭遇校园暴力怎么办

小浩是一名初一的男孩，性格腼腆内向，在学校朋友很少，但学习很努力，老师都很喜欢他。

班里有几个男孩看小浩不顺眼，原因是他们常常因为做坏事被老师点名批评，而老师在批评他们时，有时会加一句"你们要多向小浩同学学习"。这让那几个男生对小浩产生了嫉妒和不满

心理。当然这几个男生不愿承认小浩比他们优秀。他们认为小浩是个马屁精、胆小鬼。

某天课间，这几个男孩憋着一肚子火，熟练地把小浩堵在了厕所里，作势要挥拳头，小浩吓得一动不动。厕所门口还围着许多看热闹的男孩。这几个男孩威胁小浩道："马屁精！有本事告诉老师啊，跟他说我们打你了。去哭啊，让他把我们都开除！给你说，今天放学小心点！"

等这几个男孩出去了，看热闹的人散了。小浩使劲忍着要流出来的眼泪，心里既委屈又疑惑：我从来没有惹过他们，为什么他们总是针对我？

回到教室，小浩忐忑地挨到放学铃响。老师一说下课，小浩马上拽着书包跟兔子一样往外跑。结果还是慢了一步，他被从后门出来的人拦住了，那人抓住了小浩的书包带，顾忌着老师还没走远，装着说："小浩，你帮我讲几道题嘛，我今天没听懂。"

其他几个男孩也过来说："就是啊，给我们讲讲嘛，我们也没听懂。同学之间要互帮互助。"

小浩呆呆地没说话，泪眼蒙眬中看见老师越走越远。等老师走远后，那几个男孩恢复了恶狠狠的嘴脸。几个人把小浩推着往楼上走，到了空无一人的天台。

"想走？兄弟们，动手！看今天不打得你长记性！"

　　小浩赶快抱头护住脑袋，心中明白这顿打今天肯定是逃不过了……

　　另一个故事中的小宁也是校园暴力的受害者。

　　刚上初二的小宁这几天一直闷闷不乐。他因偷拿老师的钱被要求暂时离校回家反省。

　　小宁是上学期才转到这所学校就读的。他虽然从小调皮，但以前没有小偷小摸的行为，更别说偷拿老师的钱了。小宁的爸爸妈妈听班主任说儿子在学校里偷钱的事后，既伤心又疑惑。一再追问儿子偷钱做什么，小宁一开始支支吾吾不敢说，最后终于说出了真相："学校有同学要我每个星期交50元钱，不交就要挨打……他不准我告诉老师和你们，说不然会把我'修理'得更惨。"小宁的爸爸妈妈吃惊极了，儿子偷钱居然是为了交"保护费"！

小宁继续说道："不只我们班同学不敢惹他，学校里也没几个人敢惹他。他在学校称王称霸。有一次，我刚出校门就被他和他的几个兄弟一起堵在巷子里，要我给他50元钱。他们人多，我感到很害怕，就把钱给了他们。后来又发生了几次，我……我没办法，就偷了老师的钱……我错了，爸爸妈妈，我以后再也不敢了……"

小宁流下了悔恨的眼泪。

小宁又说："学校里有人不给他们保护费，被打了。就算给老师说，他们最多也就是被学校开除。他们不怕这个，以后还可能会来报复。我听同学说以前发生过这种事。"

小宁的爸爸妈妈听到这里心疼极了，满心都是怒气。"走！我们去学校问清楚，我倒要问问他们家长是怎么教育孩子的！太不像话了……"

"别去！别去，他以后会报复我的……"

上面的故事中，小宁所遭受的就是典型的校园暴力。近年来，我国各类学校校园暴力事件的发生率总体呈上升趋势，尤其是在中学里。小宁所遭遇的勒索财物是中小学校园暴力的主要形

学校有同学要我每个星期交50元钱，不交就要挨打……他不准我告诉老师和你们，说不然把我修理得更惨。

式之一。

校园暴力中的受害者时刻担心被打，或者被抢，生活在焦虑和恐惧中，无法得到安全感，无法正常地学习和生活，身心健康会受到严重损害。

在上面的故事中，收保护费导致正常的校园秩序被破坏，甚至可能升级为暴力事件。一旦发生了悲剧，一切就都晚了。那么校园暴力事件一般是怎么发生的呢？主要有以下四个原因：

第一，从生理学上讲，处于青春期的小学高年级学生和中学生发育较快，精力旺盛，容易冲动，加上易受社会不良因素的影响，因此这些孩子容易成为暴力的执行者。

研究表明，多数有暴力行为的青少年学生之所以会有这样的表现，是因为他们在遇到挫折的时候不知道如何正确应对，因此常采取暴力的手段来发泄自己的消极情绪。

第二，校园暴力事件中的施暴者一方往往自私自利，恃强凌弱，道德和法律意识淡薄。这类人群不学法、不懂法、轻视法。受害者一方法律意识同样淡薄。当遭受暴力时，不能有效使用法律来保护自己。

第三，部分孩子生活习惯不良，或者沉溺于网络游戏，花很多钱购买游戏装备等，追求在游戏中获得成就感和优越感；或者爱慕虚荣，花钱大手大脚；或者在朋友面前好面子，请客吃饭超出预算，打肿脸充胖子。

他们可能恰好自身体力占优势，缺钱了就尝试性地模仿电影、小说中的场面，通过暴力向他人勒索财物，结果发现轻易就能得逞，于是不能自拔，越陷越深。

第四，受某些不良社会风气的影响，部分青少年认为呼朋唤友欺凌他人的"大哥范儿"很酷很"拉风"。这实质上是一种扭曲了的权力欲。

而部分孩子在受到欺凌时，抱着忍一时风平浪静的想法，不采取有效的自我保护策略。认为这次给了钱就算了，应该不会有下次。殊不知这会使施暴者更加猖狂。

近些年来，越来越多的校园暴力导致死伤的新闻被报道出来，让人心痛不已。

面对校园暴力，男孩应该学会自我保护，在日常生活中自觉增强防范和抵抗意识。具体可以采取以下方法：

① 避免成为校园暴力的目标 >>

要擦亮眼睛，辨别校园暴力团伙并远离他们。有数据表明，许多犯罪团伙一开始就是校园内或校园周边的暴力团伙。远离危险是人的本能，须擦亮眼睛，辨别坏人。上学尽量不带过多的现金和贵重物品。

② 尽量避免单独外出 >>

不要单独滞留或行走在偏僻阴暗处，更不要进入网吧、酒吧等青少年不宜进入的娱乐场所。从发生的校园暴力案例来看，绝大部分例子都是学生单独一人时发生的。因此我们上学、回家时找个伴，不但可以互相照顾，而且可以对施暴者起到一个震慑作用，有时还能够及时报警取得支援。

③ 要保持镇定和平静 >>

如果暴力行为已经近在眼前，我们首先要克服畏惧、恐慌情绪，冷静分析自己所处的环境、双方的力量，用智慧和勇气来保护自己。

④ 转移到合适的地点 >>

如果发现被人盯上，我们应迅速向附近的商店、繁华热闹的街道转移，那里人来人往，施暴者不敢胡作非为。还可以就近进入居民区，求得帮助。

⑤ 设法保护自己 >>

如果施暴者过于凶恶，自己无法脱离危险，就一定要设法保护自己。如果有路人，可以大声呼救，一旦有群众帮忙甚至报警，施暴者很可能就会停止施暴行为。如果无法向他人求助，要尽可能寻找逃跑的机会。如果实在不能离开，也要尽量保护自己身体的重要部位，比如头部。

⑥ 及时向老师、家长等求助 >>

要及时向老师、家长、公安机关寻求帮助。不要认为告诉家长或老师是丢脸的行为，在关心你的人眼中，你的安全比什么都重要。有的施暴者会说："你大可以去告诉老师或家长，我是不会放过你的!"这种威胁的话会让许多受害者收起告诉老师和家长的念头，他们会想：家长、老师都不可能时时陪伴在自己身边，要是对方找自己落单的时候来报复，那自己不是更惨？于是不敢将自己的遭遇告诉老师和家长。这种想法是不对的，只能让施暴者得寸进尺。你要相信老师和家长，他们会有保护你的办法。

给男孩的话

切记不到迫不得已时不要轻易与施暴者发生正面冲突，最重要的是要运用智慧，随机应变。如果不幸被侵害，一定要拿起法律武器维护自己的合法权益，将施暴者绳之以法，保护其他同龄人不再遭受同样的侵害，因畏惧报复而忍气吞声只会给自己的身心带来更大的伤害。

口吐烟圈的样子并不潇洒

有一天，张女士发现正在读初中的儿子染上了抽烟的陋习，还发现儿子把烟藏在书包里。她本想狠狠教训儿子一顿，但是怕正处于青春期的儿子听不进去她的话，反而变得更加逆反，于是她来到咨询室请专家帮忙出主意。张女士说，儿子14岁，是一所重点中学的初二学生。他学习成绩不错，也很懂事，性格比较开朗。一个周末，儿子邀请几个好朋友来家里玩。怕大人在家孩子们觉得拘束，张女士做好饭菜后就和爱人出门了。晚上回来时，儿子的朋友已经走了，张女士在打扫卫生的时候发现地上有烟头，便问儿子怎么回事，儿子说他没抽，是他的朋友抽着玩的。

第二天，儿子去了奶奶家，张女士在他的书包里发现了一包烟，当时她十分生气。因为儿子不但抽烟了，还撒谎了。她真的很想教训儿子一顿，让他长长记性。可是又一想，儿子正处于青春期，如果直接批评他可能会激化矛盾，所以来请专家出主意。

听了张女士的叙述，专家表示不妨和孩子心平气和地聊天，

这样做效果会更好。张女士回家后便与儿子闲聊，顺便提起抽烟的事情，并说："我知道你很懂事，不会抽烟，你应该好好劝你那些朋友也不要抽烟，因为抽烟对你们身体不好，而且你们现在正处于发育期，抽烟对身体的危害更大。"这次谈话后，张女士发现儿子书包里的香烟不见了。

香烟燃烧时会释放出许多有害的物质，这可不是耸人听闻。香烟的主要成分是尼古丁，会给青春期男孩的心脏造成极大的伤害。科技在不断发展，人们对香烟的认识越来越深入，世界禁烟组织研究发现，香烟中的很多有害物质会导致呼吸系统、心脑血管以及消化道等发生病变。青春期男孩正处于身体发育时期，如果吸烟将会给健康埋下巨大的隐患。

现在，有一部分青春期男孩产生了一种吸烟"有风度""有男子汉气概"的错误认知。其实，男孩子吸烟除了易造成自身上述的那些疾病外，还会影响周围的其他人，对他人的身体造成危害。

此外，许多医学专家发出警告，青春期男孩抽烟可能会有损大脑和听力。最新研究表明，年轻人吸烟很可能出现听力问题，使他们在课堂上无法集中精力。研究人员表示，这样下去对他们的学业会产生严重影响。

英国曾做过一个调查，在1 200万吸烟者中，大约80%的人是在十几岁的时候染上烟瘾的。1/4的女孩和1/6的男孩在15岁时就成了烟民。雅各布博士调查了一组年龄在14～19岁的青春期男孩，发现吸烟对他们的大脑发育有负面影响。因此，男孩不应触碰香烟，并注意远离吸烟的环境。

给男孩
的话

　　吸烟是导致肺癌的直接原因之一。调查资料表明，在肺癌发病的患者中，有吸烟史的（尤其是从十几岁就开始吸烟的）与无吸烟史的人的比例为10：1。这就是为什么人们经常说吸烟等于慢性自杀。对于已经染上烟瘾的青春期男孩来说，自己要下定决心，或在老师和家长的帮助下尽快戒掉，保护自己的健康。

不要迷失在网络中

今年寒假，天天开始玩一款武侠类网络游戏。只要建立一个账号，就能在虚拟的幽美山水间变身为一位风流倜傥的大侠，开始接受各种任务，杀各种等级的怪兽。当然，自己的角色也会被其他的玩家杀，但凭天天的聪明才智和觉悟，他很快就成了游戏里的高手，很多人都要靠天天保护。这种成就感是天天在学校从来没有体验过的。

这款游戏，天天越玩越喜欢。本来答应妈妈每天只玩两小时，后来逐渐发展成偷着玩、骗着玩，想尽一切方法来玩游戏。有一天，妈妈半夜起来，发现天天房间的灯还亮着，一推门，发现天天正玩得不亦乐乎。

妈妈气冲冲地拔了天天的网线，让天天马上睡觉。

天天自知理亏，只好乖乖睡觉。第二天，妈妈就找天天谈了话。

其实爱玩是人的天性，争强好胜也是人的天性，网络游戏代

　　理商就是利用人的天性来赚钱的。网络游戏的吸引力就在于它不断地满足着玩家的要求，而且会持续提供未知的新刺激，持续不断地激发着玩家的欲望。因此网络游戏很容易让玩家依赖和迷恋，即网络上瘾。

　　自从跟一个哥们儿尝试了网络游戏，子强就逐渐迷上了这种有着神奇魔力的娱乐方式。不久他就成了一名网络游戏高手，各种流行的网络游戏，他样样玩得得心应手。

　　寒假来了，子强心想："终于有时间玩个够了。"每当爸爸妈妈去上班后，子强就马上打开电脑，忘我地进入游戏世界，一整天都在网上"打打杀杀"，不吃不喝，几乎连房间的门都不出。那些天，子强在网上可谓"战果累累"，赢了很多装备，他的级别也在不断上升。

随着开学日期一天天临近，子强才想起来寒假作业还没有做。可这时他已经无心学习，整天只是沉迷于游戏中。虽然他一次次告诫自己玩了这一次就不玩了，可终究还是管不住自己，又找借口原谅了自己。

子强很苦恼，不知道该怎么办才好。

人都是有好胜心的，无论在哪个方面。网络游戏之所以吸引人就是因为它存在着对抗，而谁都不愿意当失败的那一个。于是，不少青春期男孩为了不断地追求胜利，花费大量的时间在上面，最终不知不觉沉迷其中。

青春期男孩有较弱的自控力、强烈的好奇心、较强的求胜欲，他渴望拥有证明自己的机会，这些都是沉迷网络游戏的原因。然而，沉迷其中百害而无一利。比如，沉迷游戏的青春期男孩大多会逃避现实生活，放弃学业，生活不规律，拒绝与父母交流，拒绝参加现实中各种有意义的活动，等等，这必然会给他的学业、身心健康带来不好的影响。

因此，有节制地玩游戏放松是可以的，但是无论出于什么原因，决不能沉迷其中。如果你已经沉迷其中，那么就要想办法尽快脱身。下面的方法值得一试。

① 逐渐减少上网时间 >>

沉迷于一个东西，恨不得把所有的时间和精力都花在上面，这显然是不行的。釜底抽薪的办法最管用，那就是逐渐减少上网时间。可以从减少几分钟上网时间开始，逐渐增加，最后给自己规定每天的上网时长。比如，每天上网一小时。切记不可操之过急，否则会适得其反。

② 主动约束自己的行为 >>

青春期男孩之所以易沉迷网络游戏，就是因为缺乏自控能力，易放纵自己。青春期男孩要主动约束自己的行为，可以给自己限定一个时间，在电脑旁边放一个小闹钟，到了时间后，无论如何都要离开网络游戏。或者在自己特别想玩游戏的时候，去做一些其他的事情以转移注意力，不断增强自我约束的能力。

部分青春期男孩因为受了批评、学习成绩不好，会去网络世界中寻找安慰和解脱，久而久之就会产生依赖。其实，现实中人和人之间的交往更有乐趣，也更真实。别逃避，勇敢在身边寻找生活的乐趣，努力培养现实中的各种兴趣，让自己回归真实世界。

在楠楠小学的时候，家里安装了电脑，当时妈妈建议将电脑装在书房，进出门随时锁门，楠楠每天只有在做完了作业的情况下可以接触电脑一两个小时。后来楠楠慢慢长大了，爸妈也就不怎么管他了，只是要求他上网主要是查资料和学习，偶尔可以玩玩游戏。一直以来，楠楠的习惯很好，他从来不接触那些大型游戏，只是玩玩小游戏，算是缓解学习上的压力，另外就是与同班同学聊聊天。

不过，最近也不知道是不是由于学习上的压力逐渐加大，楠楠开始痴迷网络，经常一个人待在书房玩到半夜，有时在爸妈的几次催促下才会不情愿地关了电脑。爸爸察觉到了楠楠逐渐产生的网瘾，又开始严格控制家里的电脑了。楠楠只得和同学去学校附近的网吧。第一次去网吧，楠楠被网吧的气氛吓到了，发现里面坐着的全部是与自己年纪差不多的男孩，他们叼着香烟，戴着耳机，有的玩游戏，有的看电影，有的聊天。闻着那股呛人的味道，楠楠有些受不了。但接连去了两三次，他就习惯了，甚至觉得网吧就是人间天堂。于是，放学后，网吧成了楠楠常去的一个地方，他常常在网吧待到晚上七八点才回家，回家就说自己去打篮球了，爸妈也没怎么在意。

这天刚放学，楠楠又溜进了网吧，正当他玩得热火朝天的时候，爸爸走了进来。原来，爸爸通过楠楠的同学得知他在这里。爸爸叹了一口气，说："楠楠，爸爸以为你从来不会撒谎的，你为什么说你放学后一直在学校打篮球？"楠楠涨红了脸，低着头不说话。爸爸继续说道："电脑本身是没有危害的，网络上既有一些需要你们学习的东西，也有危害你们身心健康的东西，爸爸希望你能健康成长。当你能够辨别事物的好坏时，那我就可以放心让你进入网络世界了。"楠楠若有所悟地点了点头。

没过多久，楠楠在报纸上看到这样一则新闻：某市一中学男生痴迷网恋，偷偷拿了家里的钱去私会网友，结果发现自己一直痴迷的女孩子原来是一个中年男子，自己的钱被骗了不说，还被揍了一顿。原来，那虚拟世界的诱惑是带着"毒"的，楠楠觉得自己再也不能陷进去了，得慢慢地回归到之前的生活和学习状态，戒除网瘾。

互联网可以帮助男孩学习，但也易毁掉男孩的青春。关键在于男孩怎么看待它，怎么用它。如果男孩仅仅是用它来查资料、学习，那么它将会给男孩很大的帮助；但是如果男孩用它来玩游戏、浏览黄色网站、网恋，那么青春将毁在它手里。

在现代社会中，互联网已经走入寻常百姓的家，特别是受到许多青春期孩子的喜欢。他们可以在网络上聊天、玩游戏、看电影、交朋友、购物。对他们来说，网络就是一个全新的世界，也是一个有着致命诱惑的世界。

对于许多正处于升学阶段的男孩来说，现实的压力让他们喘不过气来，而网络给了他们放松和释放的机会。于是，越来越多的青春期男孩成了网迷。像任何科学技术一样，互联网也是一把双刃剑，它对青春期男孩的成长既有积极的影响，也有消极的影响。男孩可以利用网络来促进学习，而沉迷于网络则会让男孩毁掉学业。

Q1: 网络对青春期男孩有哪些积极影响？

网络在很大程度上对青春期男孩是有着积极影响的，通过网络，青春期男孩可以学习更多的知识，还可以开阔视野。另外，它可以起到一定的教育作用，起到一些传统教育不能起到的作用。

首先网络信息量很大，信息交流的速度也相当快，并且实现了全球信息共享。所以，青春期男孩可以在网上根据自己的需求，浏览来自世界各地的新闻信息，学到一些书本上没有的知识。这样一个知识量极大的平台，使其交流的领域空前宽广，极大地开阔了其的视野，给其学习、生活带来了许多便利和乐趣。

其次，网络是一个虚拟的世界，在这个世界里，每一个人都能够超越时空，与一些相识或不相识的人进行联系和交流，谈论一些共同的话题。青春期男孩可以借助网络，通过网上聊天室或者是论坛等方式广交朋友，参与社会问题的讨论，发表观点、见解。

网络还可以促进青春期男孩个性发展，对青春期男孩心理发展与健康有着积极影响。这也使网络成为青春期男孩不可或缺的伙伴，成为其学习和生活上的帮手。

02： 网络对青春期男孩有哪些消极影响？

由于处于青春期的男孩学业任务比较重，网络很容易成为其躲避负担和压力的地方，易让其沉迷其中不能自拔。另外，由于青春期男孩不具备较强的识别和判断能力，无法自觉抵御不良信息的影响，网络可能影响到其身心健康。

一些青春期男孩长期沉迷于网络，产生一些精神和躯体的病症，影响了他们的健康成长；网络上还有一些黄色、暴力的内容，容易让他们受到不良的影响；有的男孩自我控制能力比较差，沉迷于网络，荒废了学业；另外，处于人生观、价值观形成期的青春期男孩，分不清网络上的善恶，不具备较强的判断能力，容易误入歧途，甚至走上犯罪的道路。

网络对青春期男孩而言利大于弊，但是千万不能忽视网络的消极影响。正确地使用网络，网络会成为男孩学习上的帮手、生活中的伙伴；如果不当使用，男孩易上网成瘾，痴迷网络，学习成绩也会下降。男孩在使用网络的时候，需要避开一些不良的网站，多浏览绿色网站，让网络为自己所用。